엄마도
영어 공부
할 거야!

엄마도
영어 공부
할 거야!
I

ⓒ 정선미, 2024

개정판 1쇄 발행 2024년 1월 5일

지은이   정선미
펴낸이   이기봉
편집   좋은땅 편집팀
펴낸곳   도서출판 좋은땅
주소   서울특별시 마포구 양화로12길 26 지월드빌딩 (서교동 395-7)
전화   02)374-8616~7
팩스   02)374-8614
이메일   gworldbook@naver.com
홈페이지   www.g-world.co.kr

ISBN   979-11-388-2656-3 (13740)

| 정선미 |

엄마도
영어 공부
할 거야!

I

알파벳부터 시작해야 하는 초보들을 위한 왕초보 생활영어

좋은땅

: 시작하며

우리의 평생 과제와도 같은 영어! 누구나 다 영어를 잘 하고 싶고, 왠지 영어를 잘하면 자신감도 생기고 멋있어 보이는 것 같은데… 알면서도 쉽게 되지 않은 것 또한 영어라고 생각합니다.

큰 용기를 내어 영어학원에 가면 "이 정도는 다 알죠?" "이건 중학교 때 다 배웠죠?" 하는 말들뿐. 다들 아는 것 같은데 나만 모르는 건가? 하는 생각에 잘 모르지만 그냥 나도 아는 척 하기 십상이고, 그래도 '학원을 다닌다는 자체가 나는 다른 사람들 보다 앞서 나가는 거야' 라는 자기 위로를 해봅니다. 하지만 일주일에 3번 가던 학원, 일 있어 하루 빠지게 되고, 다신 빠지지 말아야지 하고선 아파서 또 하루, 오랜만에 보는 친한 친구 만나야 해서 또 하루… 이렇게 반복되다 보면, '괜찮아' 개인 사정으로 인해 학원에 못나오면 못들은 강의만큼 다음 달로 이월 해준다했으니, 다음 달부터 다시 열심히 다녀야지 하며 다음 달을 기다리다가 결국 다시 제자리로 돌아오게 됩니다.

영어 공부를 포기하고 싶지는 않고 학원비가 아까우니까 그럼, 책을 사서 독학을 하자! 하고 서점을 가도, 내 수준에 맞는 책은 알파벳인데 '어떻게 알파벳 책을 들고 다녀 남들 보기에 창피하게' 라는 생각에 잘 모르는 토익책, 고급 영문법책 등을 뒤적입니다. 그나마 남들 보기 창피하지 않으면서 조금이라도 쉬운 책을 들고 오지만 막상 혼자 사전 찾아가며 공부하려니 내가 한국말을 못하는 건가? 영어를 못하는 건가? 하는 생각에 빠지게 되고, 도저히 혼자서는 안 되겠다. '그래, 학원가기도 힘들고 독학도 힘드니 인터넷 강의를 들어보자!'

해서, 열심히 무료 인강도 듣고 나에게 맞는 강의를 찾아보기도 합니다. 하지만 이 또한 매일매일 공부하기란 참 쉽지 않습니다. 그러다 '괜찮아 인터넷은 일정기간 동안 무제한으로 볼 수 있어~ 오늘 못 본 거 내일 보면 되지. 중간부터 하면 좀 그러니까 월요일부터 새 마음, 새 뜻으로 다시 하자!' 라는 다짐과 함께 월요일부터 시작하기로 한 게 또 다음 주로 미뤄지고, 다음 달, 내년, 이렇게 시간이 흘러 인터넷강의 또한 기한 만료…

이러한 영어 공부 습관은 나뿐만이 아니라 많은 사람들이 공감할 것이라 생각합니다. 왜냐하면 저 또한 영어 공부를 처음 시작했을 때 그랬기 때문입니다. 문제가 무엇인지 알면서도 자기 위로와 나 자신에겐 너무나도 긍정적이었던 습관이 변질되어 나타나고, 그렇다고 해서 쉽게 포기할 수 없었던 것 또한 영어인 것 같습니다.

그래서, 영어 공부를 처음부터 시작하는 사람들이 영어 공부를 포기하지 않도록 할 수 있는 기초영어강의를 만들고 싶었습니다. 그래서 나도 이렇게 배웠더라면 좀 더 쉽고 빠르게 이해하였을 것인데, 하였던 경험과 바탕을 모아 만들어진 것이 네이버 밴드 '왕초보 생활영어'였습니다. 네이버 밴드 '왕초보 생활영어'는 진짜 초보만을 위한 기초영문법이고 이렇게까지 설명할 필요가 있나 싶을 정도로 자세한 강의로 이루어져 있는 초급영문법입니다.

이 책을 통하여 학원을 등록하기 전, 인터넷 강의를 듣기 전, 혹은 독학을 하기 전, 영어에 대한 자신감과 충분한 밑거름을 쌓을 수 있는 땅을 다지는 시간이 되었으면 좋겠습니다. 이렇게 책으로 나올 수 있게 도움을 주신 네이버 밴드 '왕초보 생활영어'를 사랑해주시는 회원님들과 저의 가장 큰 용기와 발돋움이 되어 주신 우리 어머니, 영어 공부를 하고 싶지만 쉽게 되지 않으셨던 분들에게 이 책을 바칩니다. 마지막으로 이 책을 쓰는 동안 도움 주었던 많은 분들에게 감사의 말을 전합니다.

2015년 겨울
정선미 드림

: 목차

[매일매일 도장 쾅쾅!]

"하루에 하나씩 꼭! 공부한다"라는 마음으로 매일매일 체크 하면서 목표달성을 이루도록 해요!

1	2	3	4	5	6	7	8	9	10
11	12	13	14	15	16	17	18	19	20
21	22	23	24	25	26	27	28	29	30
31	32	33	34	35	36	37	38	39	40
41	42	43	44	45	46	47	48	49	50
51	52	53	54	55	56	57	58	59	60
61	62	63	64	65	66	67	68	69	70
71	72	73	74	75	76	77	78	79	80
81	82	83	84	85	86	87	88	89	90
91	92	93	94	95	96	97	98	99	100

우선 영어를 배우려면 영어글자인 알파벳을 알아야겠죠?^^

알파벳이라고 우습게보지 말고! 우리 처음부터 차근차근 해나아가요~

- 검정색: 대문자 • 파란색: 소문자

A a	B b	C c	D d	E e
에이	비	씨	디	이
F f	G g	H h	I i	J j
에프	쥐	에이치	아이	제이
K k	L l	M m	N n	O o
케이	엘	엠	엔	오
P p	Q q	R r	S s	T t
피	큐	알	에스	티
U u	V v	W w		
유	브이	떠블류		
X x	Y y	Z z		
엑스	와이	즤		

알파벳을 익혔다면 이제 알파벳들이 어떻게 읽히는지 발음소리를 알려드릴게요^^ 영어를 읽으려면 발음소리를 알아야 'dog = 도그'라고 읽을 수 있겠죠? 발음소리를 잘~ 숙지해 주세요!

- 검정색: 대문자 • 파란색: 소문자

A a	B b	C c	D d	E e
아, 애, 어	브	크	드	이, 에

F f	G g	H h	I i	J j
프	그	흐	이	즈

K k	L l	M m	N n	O o
크	르	므	느	오, 우, 아

P p	Q q	R r	S s	T t
프	크	르	스	트

U u	V v	W w
우, 유, 어	브	우, 유

X x	Y y	Z z
스	이, 와이	즈, 지

우리가 흔히 쓰는 행동을 알아보도록 할게요.

가다	go(고)
원하다	want(원트)
먹다	eat(잇)
마시다	drink(드링크)
사다	buy(바이)
만나다	meet(밋)
가지다	have(해브)
얻다	get(겟)
보다	see(씨)
오다	come(컴)
시작하다	begin(비긴)
사랑하다	love(러브)
좋아하다	like(라이크)
생각하다	think(띵크)
달리다	run(런)
느끼다	feel(필)
잊어버리다	forget(뽈겟)
걱정하다	worry(워리)

영어에서는 이런 걸 '동사'라고 부릅니다^^

우리가 흔히 쓰는 행동에 대해서 배웠으니 간단한 문장 한번 만들어 볼게요.

얼마나 배웠다고 벌써 문장을 만드냐고요?

걱정 마세요~^^ 만들 수 있답니다.

영어에서는 '나'를 I(아이)라고 말합니다.

I(아이)를 가지고 문장을 만들어 보도록 할게요.

· 나는 가다 = I go.(아이 고)

· 나는 원하다 = I want.(아이 원트)

· 나는 먹다 = I eat.(아이 잇트)

· 나는 마시다 = I drink.(아이 드링크)

· 나는 사다 = I buy.(아이 바이)

· 나는 만나다 = I meet.(아이 밑)

· 나는 가지다 = I have.(아이 해브)

· 나는 얻다 = I get.(아이 겟)

· 나는 보다 = I see.(아이 씨)

· 나는 오다 = I come.(아이 컴)

· 나는 시작하다 = I begin.(아이 비긴)

· 나는 사랑하다 = I love.(아이 러브)

· 나는 좋아하다 = I like.(아이 라이크)

· 나는 생각하다 = I think.(아이 띵크)

· 나는 달리다 = I run.(아이 런)

· 나는 느끼다 = I feel.(아이 삘)

· 나는 잊어버리다 = I forget.(아이 뽈겟)

· 나는 걱정하다 = I worry.(아이 워리)

나는 학교에 가요.
I go to school.

그럼 우리 4강에서 "나는 가다"를 배웠으니 "나는 학교에 가다"를 한번 말해볼게요~

· 나는 가다 = I go.(아이 고)

· 학교 = school(스쿨)

· 나는 학교에 가다 = I go school(아이 고 스쿨)

이렇게 하면 되겠네요?

맞는 것 같지만 아직 완벽하지 않아요.
좀 더 완벽하게 "~장소에 간다"고 할 때는 to(투)를 씁니다.

· I go to school.(아이 고 투 스쿨) = 나는 학교에 가다

· I go to(아이 고 투): 나는 ~(장소)에 가다 라고 생각하시면 돼요^^

나는 학교에 가다.
I go school(아이 고 스쿨) X
I go to school.(아이 고 투 스쿨) O
I go to school.
나는 가다 에 학교

예문

■ 나는 홈플러스에 가요.
I go to Homeplus.
(아이 고 투 홈플러스)

■ 나는 중국에 가요.
I go to China.
(아이 고 투 차이나)

■ 나는 교회에 가요.
I go to church.
(아이 고 투 처얼치)

■ 나는 미국에 가요.
I go to America.
(아이 고 투 어메리카)

["나는 너를 원해"를 배워보도록 할게요~]

우리 "나는 원해" 어떻게 말했었죠?

· I want.(아이 원트) = 나는 원하다

이렇게 말했었죠?

그럼, '너'는 영어로 뭘까요?

'너'는 영어에서 you(유)라고 말합니다.

그럼, 정리해서 "나는 너를 원해" 어떻게 말할까요?

I want.(아이 원트) 뒤에 you(유)만 넣어주면 돼요^^

· I want you.(아이 원트 유) = 나는 너를 원해

영어 별거 아니죠?^^

예문

- 나는 쥬스를 원해.
  I want juice.
  (아이 원트 쥬스)

- 나는 우유를 원해.
  I want milk.
  (아이 원트 밀크)

- 나는 물을 원해.
  I want water.
  (아이 원트 워러)

1-6. 직접 써볼까요?

- 나는 커피를 원해.
- 커피 = coffee(커피)

· 나는 원해.
○ _____

· 나는 커피를 원해.
○ _____

1. 나는 가다. =

2. 나는 원하다. =

3. 나는 먹다. =

4. 나는 마시다. =

5. 나는 사다. =

6. 나는 만나다. =

7. 나는 가지다. =

8. 나는 얻다. =

9. 나는 보다. =

10. 나는 오다. =

11. 나는 시작하다. =

12. 나는 사랑하다. =

13. 나는 좋아하다. =

14. 나는 생각하다. =

15. 나는 달리다. =

16. 나는 느끼다. =

17. 나는 잊어버리다. =

18. 나는 걱정하다. =

19. 나는 학교에 가요. =

20. 나는 너를 원해. =

21. 나는 커피를 원해. =

1. 나는 가다. = I go.

2. 나는 원하다. = I want.

3. 나는 먹다. = I eat.

4. 나는 마시다. = I drink.

5. 나는 사다. = I buy.

6. 나는 만나다. = I meet.

7. 나는 가지다. = I have.

8. 나는 얻다. = I get.

9. 나는 보다. = I see.

10. 나는 오다. = I come.

11. 나는 시작하다. = I begin.

12. 나는 사랑하다. = I love.

13. 나는 좋아하다. = I like.

14. 나는 생각하다. = I think.

15. 나는 달리다. = I run.

16. 나는 느끼다. = I feel.

17. 나는 잊어버리다. = I forget.

18. 나는 걱정하다. = I worry.

19. 나는 학교에 가요. = I go to school.

20. 나는 너를 원해. = I want you.

21. 나는 커피를 원해. = I want coffee.

영어를 쓸 땐 주어를 꼭 써주어야 해요.

주어란?
행동하는 주체자를 말합니다^^

한국말에서
누군가 나에게 "뭐 마실래?" 하고 물어볼 때
내가 "우유 마실래"라고 대답한다면
'내가 우유를 마신다'라고 다 알 수 있잖아요~
그런데 영어에서는 "우유 마실래"라고만 말한다면
누가 마신대? 내가? 니가? 철수가? 영희가?
하고 모른다는 거죠~

그래서 영어를 쓸 때는 "우유 마실래"가 아니고
"나는 우유 마실래"
"너는 우유를 마신다"
"철수는 우유를 마신다"라고
꼭 '누가에 해당하는 주어'를 말해 주어야 한답니다^^

· 우유 마실래 = drink milk(드링ㅋ밀크) X
· 나는 우유를 마신다 = I drink milk.(아이 드링ㅋ 밀크) O

- 나는 우유를 마신다.
  I drink milk.
  (아이 드링ㅋ 밀크)

- 너는 우유를 마신다.
  You drink milk.
  (유 드링ㅋ 밀크)

- 나는 물을 마신다.
  I drink water.
  (아이 드링ㅋ 워러)

- 너는 물을 마신다.
  You drink water.
  (유 드링ㅋ 워러)

1-7. 직접 써볼까요?

- 나는 너를 사랑해.
- 사랑 = love(러브)

- 나는 사랑해.

- 나는 너를 사랑해.

영어를 쓰다보면 우리말 순서와 영어의 순서가 좀 다르죠?

이것을 '어순' (영어의 순서)이라고 하는데요,

영어의 어순은 우리말 어순과 조금 달라요.

그래서 간단한 말임에도 불구하고 영어로 말하기가 쉽지 않죠~

우리말은 끝까지 들어봐야 안다고 하잖아요,

그런데 영어는 직설적이라 처음만 들으면 대충 알 수 있어요^^

예를 들어 우리는 "나는 커피를 마신다"라고 하지만

영어로 말할 때는 "나는 마신다. 커피를"이라고 결과를 먼저 말해요.

※ 영어의 순서: 누가 + 무엇을 한다 + 무엇을

이러한 순서로 말해야 정확하게 말할 수 있어요~

한국말	영어
나는 너를 사랑해.	나는 사랑해 너를
나는 학교에 가.	나는 가 학교에
나는 너를 원해.	나는 원해 너를
나는 커피를 마신다.	나는 마신다 커피를
나는 요리를 한다.	나는 한다 요리를
나는 공포를 느낀다.	나는 느낀다 공포를

한국어	영어
너는 커피를 좋아해.	
나는 여행을 간다.	
그녀는 철수를 사랑해.	
그는 아이들을 좋아해.	
사과는 빨간색입니다.	
원숭이는 바나나를 좋아해.	

["나는 영어 공부를 해요"를 배워보도록 할게요~]

'나는 공부하다' 어떻게 말할까요?

· 공부하다 = study(스터디)

· 나는 공부하다 = I study.(아이 스터디) 이렇게 쓰겠죠?^^

그럼 '영어'는 영어로 어떻게 말할까요?

· 영어 = English(잉글리쉬)라고 말합니다.

그럼, "나는 영어 공부를 해요" 어떻게 말하면 될까요?
영어의 순서는 [누가 + 무엇을 한다 + 무엇을]이라고 했으니
순서에 맞춰서,

- 누가 = 내가 I(아이)
- 무엇을 한다 = 공부한다 study(스터디)
- 무엇을 = 영어를 English(잉글리쉬)

연결해서 말해볼게요~
I study English.(아이 스터디 잉글리쉬) = 나는 영어 공부를 해요.
이렇게 말할 수 있겠네요. 어렵지 않죠?^^

■ 나는 공부하다.

I study.

(아이 스터디)

■ 나는 음악공부를 한다.

I study music.

(아이 스터디 뮤직)

■ 나는 경영 공부를 한다.

I study management.

(아이 스터디 매니지먼트)

■ 나는 주식 공부를 한다.

I study stock.

(아이 스터디 스토크)

1-9. 직접 써볼까요?

■ 나는 과학 공부를 한다.

• 과학 = science(싸이언스)

· 나는 공부하다.

➡ _____

· 나는 과학 공부를 한다.

➡ _____

나는 버스를 타요.
I take a bus.

["나는 버스를 타요"를 배워보도록 할게요.]

버스에 타다/ 택시에 타다/ 지하철에 타다 할 때의 타다 = take(테이크)라고 말합니다.

'나는 타다' 어떻게 말할까요?
· I take.(아이 테이크) = 나는 타다. 이렇게 말하겠죠?^^

그럼, "나는 버스를 타요" 어떻게 말하면 될까요?
우선, '버스'를 영어로 알아야겠죠?
버스는 영어로 bus(버스)입니다.

그럼 다시 시작되는 영어의 순서!
- 누가 = 내가 I(아이)
- 무엇을 한다 = 탄다 take(테이크)
- 무엇을 = 버스를 bus(버스)
연결해서 말해 보면? I take a bus.(아이 테이크 어 버스)

Q. 어! 줄라이, 그런데 왜? I take bus(아이 테이크 버스)라고 안 하고 I take a bus(아이 테이크 어 버스)라고 하나요? 버스 앞에 a(어)는 왜 붙나요?

영어에서는 하나의 사물이름을 말할 때, 하나의 사물이름 앞에 a(어)를 붙여야 정확하게 말을 전달할 수 있어요^^
우리의 몸은 하나인데 버스 두 대를 동시에 탈 수는 없잖아요~ 그래서 하나의 버스 a bus(어 버스)라고 써준답니다. 굳이 이렇게까지 말해야 하냐고요? 영어를 쓰는 사람들은 정확한 걸 좋아해서 우리도 뭐;;; 어쩔 수 없이 정확하게 써줘야 되겠죠?^^

a dog(어 도그) = 하나의 개

a cat(어 캣) = 하나의 고양이

a book(어 북) = 하나의 책

이렇게 하나의 사물이름 앞에는 a(어)를 붙여줘야 한답니다^^

그런데 사물은 꼭 셀 수 있는 사물이어야 해요.

※ 셀 수 없는 사물일 때에는 a가 붙지 않아요!

예문

- 나는 탄다.

  I take.

  (아이 테이크)

- 너는 탄다.

  You take.

  (유 테이크)

- 나는 버스를 탄다.

  I take a bus.

  (아이 테이크 어 버스)

- 너는 버스를 탄다.

  You take a bus.

  (유 테이크 어 버스)

- 나는 택시를 탄다.

  I take a taxi.

  (아이 테이크 어 택시)

- 너는 택시를 탄다.

  You take a taxi.

  (유 테이크 어 택시)

- 나는 지하철을 탄다.

  I take a subway.

  (아이 테이크 어 썹웨이)

- 너는 지하철을 탄다.
- 지하철 = subway(썹웨이)

· 하나의 지하철

⊙ _____

· 너는 지하철을 탄다.

⊙ _____

11강 나는 내 차를 타요. I take my car.

["나는 내 차를 타요"를 배워보도록 할게요.]

우리 '나는 타다' 어떻게 말했었죠?

· 나는 타다 = I take.(아이 테이크)라고 했죠~

'나는 버스를 타다'는?

I take a bus.(아이 테이크 어 버스)라고

bus(버스)라는 하나의 사물이름 앞에 a(어)를 써주었습니다.

그럼, "나는 내 차를 타요" 어떻게 말할까요?

'내 차'는 영어로

· 내 차 = my car(마이카)니까

I take a my car(아이 테이크 어 마이카)라고 하지 않을까요?

네~ 잘하셨지만 아니에요 ㅠ.ㅠ

My car(마이카), 내 차는

My(마이)라는 단어와 Car(카)라는 단어가 합쳐져서

My car(마이카)가 되었죠?

My(마이)라는 '나'는 사물이 아니죠!!

그래서 my car(마이카) 앞에는 'a'(어)를 붙일 수가 없어요~

그럼 어떻게 말해야 할까요? 그냥,

· I take my car.(아이 테이크 마이카)라고 말해주면 돼요^^

※ 이걸 영문법에서는 '인칭대명사 소유격 앞에는 관사를 붙이지 않는다'라고 배운답니다!

■ I take a my car.(X)

■ I take my car.(O)

12강

나는 내 차를 타고 이마트에 가요.
I take my car and go to E-mart.

["나는 내 차를 타고 이마트에 가요"를 배워보도록 할게요.]

너무 어렵다고요? 아니에요! 전혀 어렵지 않아요.
1강부터 11강까지 천천히 쭉~ 공부하셨다면
오늘 문장은 정말 별거 아니랍니다^^
그럼, 저와 함께 천천히 해볼게요!

영어에서 '그리고' 라는 말은 어떻게 말할까요?
and(앤드)라고 합니다. 그럼 끝! 다 배웠어요^^

· 나는 타다 = I take(아이 테이크)
· 나는 내 차를 타다 = I take my car(아이 테이크 마이카)
· 그리고 = and(앤드)
· 이마트에 갑니다 = go to E-mart(고 투 이마트)

탑니다 + 그리고 = 타고

연결해서 쓰면?
'나는 내 차를 타고 이마트에 갑니다'
I take my car **and** go to E-mart.
(아이 테이크 마이카 앤 고 투 이마트)

진짜 별거 아니죠?
and(앤드) = 그리고
이거 하나 배웠을 뿐인데 긴 문장도 잘 쓰게 되었네요^^

■ 나는 내 차를 타고 학교에 갑니다.

· 나는 타다.

▶ _____

· 나는 내 차를 타다.

▶ _____

· 그리고

▶ _____

· 학교에 갑니다.

▶ _____

· 나는 내 차를 타고 학교에 갑니다.

▶ _____

1. 나는 우유를 마신다. =

2. 나는 너를 사랑해. =

3. 빈칸을 영어의 순서대로 작성해 주세요.

한국어	영어
너는 커피를 좋아해.	
나는 여행을 간다.	
그녀는 철수를 사랑해.	
그는 아이들을 좋아해.	
사과는 빨간색입니다.	
원숭이는 바나나를 좋아해.	

4. 나는 영어 공부를 한다. =

5. 나는 과학 공부를 한다. =

6. 나는 버스를 타요. =

7. 너는 지하철을 탄다. =

8. 나는 내 차를 타요. =

9. 나는 내 차를 타고 이마트에 가요.

　　=

10. 나는 내 차를 타고 학교에 갑니다.

　　=

1. 나는 우유를 마신다. = I drink milk.

2. 나는 너를 사랑해. = I love you.

3. 빈칸을 영어의 순서대로 작성해 주세요.

한국어	영어
너는 커피를 좋아해.	너는 좋아해 커피를
나는 여행을 간다.	나는 간다 여행을
그녀는 철수를 사랑해.	그녀는 사랑해 철수를
그는 아이들을 좋아해.	그는 좋아해 아이들을
사과는 빨간색입니다.	사과는 입니다 빨간색
원숭이는 바나나를 좋아해.	원숭이는 좋아해 바나나를

4. 나는 영어 공부를 한다. = I study English.

5. 나는 과학 공부를 한다. = I study science.

6. 나는 버스를 타요. = I take a bus.

7. 너는 지하철을 탄다. = You take a subway.

8. 나는 내 차를 타요. = I take my car.

9. 나는 내 차를 타고 이마트에 가요.

   = I take my car and go to E-mart.

10. 나는 내 차를 타고 학교에 갑니다.

   = I take my car and go to school.

["나는 안 사다"를 배워보도록 할게요.]

'하다'는 영어로 뭘까요? Do(두)라고 합니다.

'나는 하다'는 어떻게 말할까요? 'I(아이)'만 붙여주면 되겠죠?

'나는 하다' = I do.(아이 두)

그럼, '나는 안 하다'는 어떻게 말할까요?

'나는 안 하다'는 do(두) 뒤에 not(낫)만 붙여주면 돼요^^

'나는 안 하다' = I do not.(아이 두 낫) 이렇게요~ 굉장히 쉽죠?

그리고, do not(두 낫)은 줄여 쓰면 don't(돈 트)라고 말할 수 있어요~

do not(두 낫) = don't(돈 트)

· I do not.(아이 두 낫) = I don't.(아이 돈트) 같은 말이에요^^

그럼, '나는 사다' 어떻게 말하죠?

· 사다 = buy(바이)

· 나는 사다 = I buy.(아이 바이)

'나는 안 사다'는 buy(바이) 앞에 don't(돈트) '안 하다'만 넣어 주면 되겠죠?^^

· 나는 안 사다

  I don't buy.

  (아이 돈 바이)

이렇게 말하면 되겠네요~ 너무 쉽죠?^^

- 나는 일하다.
  I work.
  (아이 월크)

- 나는 일 안 한다.
  I do not work.
  (아이 두 낫 월크)

- 나는 일 안 한다.
  I don't work.
  (아이 돈 월크)

- 나는 안 만나다.
  I don't meet.
  (아이 돈 밋ㅌ)

- 나는 안 마신다.
  I don't drink.
  (아이 돈 드링크)

- 나는 안 사랑해.
  I don't love.
  (아이 돈 러브)

- 나는 안 좋아해.
  I don't like.
  (아이 돈 라이크)

- 나는 안 먹는다.
  I don't eat.
  (아이 돈 잇)

1-13. 직접 써볼까요?

- 나는 학교에 안 가다.
- 학교 =

- 학교에 가다.
  ➡ _____

- 학교에 안 가다.
  ➡ _____

- 나는 학교에 안 가다.
  ➡ _____

["철수는 먹는다"를 배워보도록 할게요.]

· 나는 먹는다 = I eat.(아이 잇)

· 너는 먹는다 = You eat.(유 잇) 이렇게 배웠죠? 거기에,

· 나는 안 먹는다 = I don't eat.(아이 돈 잇)

· 너는 안 만들다 = You don't make.(유 돈 메이크)를 배웠습니다.

자, 그럼 오늘은 나도 아니고 너도 아닌

"철수는 먹는다"를 배워보도록 할게요~

철수는 영어로 어떻게 쓸까요? 철수는 그냥 '철수'라고 말합니다^^

그럼,

"나는 먹는다"가 I eat.(아이 잇)이었으니

I(아이) 자리에 철수만 넣어주면 되겠네요?

철수 eat(철수 잇) = 철수는 먹는다.

그런데 잠깐!! 여기서 그냥 eat(잇)이라고 써주면 안 돼요~

이해가 잘 되도록 잠시 '인칭'이라는 것을 배워 볼게요.

I(아이)는 나, 나는 하나이죠? 그래서 I(아이) = 1인칭단수입니다.

You(유)는 너! = 2인칭단수입니다.

철수는 나도 아니고 너도 아니니까 3인칭인데, 철수 또한 1명이죠!

그래서 철수 = 3인칭단수입니다.

주어자리에 3인칭단수가 오면 동사 뒤에는 's'를 붙여주어야 돼요.

· 철수는 먹는다. = 철수 eats(철수 잇스)라고 해주어야 한답니다.

그럼 "그는 사랑한다" 어떻게 말할까요?

· 그 = He(히)

· 사랑한다 = love(러브)

그런데 그는 나도 아니고 너도 아닌 다른사람 한 명, 그러니깐 3인칭단수죠~

· 그는 사랑한다. = He loves.(히 러브스)라고 말해줘야겠네요^^

I(아이)	나	1인칭단수
You(유)	너	2인칭단수
He(히)	그	3인칭단수
She(쉬)	그녀	3인칭단수
철수	철수	3인칭단수

예문

■ 그녀는 좋아한다.
She likes.
(쉬 라익스)

■ 그는 생각한다.
He thinks.
(히 띵스)

■ 영희는 산다.
영희 buys.
(영희 바이스)

■ 그녀는 만난다.
She meets.
(쉬 밋스)

■ 그는 만든다.
He makes.
(히 메익스)

■ 철수는 판다.
철수 sells.
(철수 셀즈)

■ 그는 배운다.
He learns.
(히 런스)

■ 그는 알다.
He knows.
(히 노우즈)

■ ~는 일한다.

• 일 =

· 나는 일하다.

▶ _____

· 너는 일하다.

▶ _____

· 그녀는 일하다.

▶ _____

["너는 나를 사랑하니?"를 배워보도록 할게요.]

'나는 하다'가 영어로 뭐였죠?

· 나는 하다 = I do.(아이 두) 그럼, '너는 하다'는 어떻게 말할까요?

'너'는 영어로 you(유)니까,

· 너는 하다 = You do.(유 두)라고 하면 되겠네요^^

그럼 "너는 하니?" 질문은 어떻게 하면 될까요?

You(유)와 do(두)의 순서만 바꿔주면 된답니다. 굉장히 간단하죠?

· 너는 하니? = Do you?(두 유?)

· 사랑 = love(러브)

· 너는 사랑하니? = Do you love?(두 유 러브?)

· 나를 = me(미)

· 너는 나를 사랑하니? = Do you love me?(두 유 러브 미?)

이렇게 말하면 되겠네요~

· 나를 = me(미)

· 너를 = you(유)

· 그를 = him(힘)

· 그녀를 = her(허얼)

■ 너는 그녀를 사랑하니?

Do you love her?

(두 유 러브 허얼?)

■ 너는 그를 사랑하니?

Do you love him?

(두 유 러브 힘?)

1-15. 직접 써볼까요?

• 좋아하다 = like(라이크)

· 너는 하니?

➡ _____

· 너는 좋아하니?

➡ _____

· 그를

➡ _____

· 그를 좋아하니?

➡ _____

["나는 너를 만날 거야"를 배워보도록 할게요.]

그동안 16일을 꾸준히 공부했다면
오늘은 하나만 배우면 금방 말할 수 있어요^^

'~할 거야'는 영어로 어떻게 말할까요?
will(윌)이라고 말합니다!
끝! 너무 간단하죠? 같이 천천히 문장을 만들어 볼게요~

· 나는 ~할 거야 = I will(아이 윌)
· 만나다 = meet(밋)
· 나는 만날 거야 = I will meet(아 윌 밋)

너무 쉽죠?^^

· 너 = you(유)
· 나는 너를 만날 거야
  I will meet you!
  (아 윌 밋 유)

~할 거야 = will(윌)

■ 나는 마실 거야.
I will drink.
(아 윌 드링크)

■ 나는 커피 마실 거야.
I will drink coffee.
(아 윌 드링크 커피)

1-16. 직접 써볼까요?

• 공부 = study(스터디)

· 나는 ~할 거야.

· 나는 영어 공부 할 거야.

17강

나는 너를 만나서 커피를 마실 거야.
I will meet you and drink coffee.

["나는 너를 만날 거야"를 배워보도록 할게요.]

"나는 너를 만나서 커피를 마실 거야"를 배워 볼게요.

문장이 길어 보이지만, 전~혀 어렵지 않습니다.

설마? 아니고~ 진짜예요^^

그럼 하나씩 천천히 저랑 해 볼게요~

· 나는 ~할 거야 = I will(아 윌)

· 만나다 = meet(밋)

· 나는 만날 거야 = I will meet(아 윌 밋)

· 너 = you(유)

· 나는 너를 만날 거야 = I will meet you(아 윌 밋 유)

· 그리고 = and(앤드)

· 마시다 = drink(드링크)

· 커피 = coffee(커피)

· 커피를 마시다 = drink coffee(드링크 커피)

끝!!! 너무 쉽게 말할 수 있었죠?

그럼 연결해서 자연스럽게 말해볼까요?

· 나는 너를 만나서 커피를 마실 거야

  I will meet you and drink coffee.

  (아 윌 밋 유 앤 드링크 커피)

보세요~ 너무 쉽죠!^^

- 나는 내 친구를 만나서 학교에 갈 거야.
  I will meet my friend and go to school.
  (아 윌 밋 마이 프랜드 앤 고 투 스쿨)

- 나는 엄마를 만나서 이마트에 갈 거야.
  I will meet my mother and go to E-mart.
  (아 윌 밋 마이 마덜 앤 고 투 이마트)

1-17. 직접 써볼까요?

- 나는 내 친구를 만나서 CGV에 갈 거야.

· 나는 ~할 거야. =

➡

· 만나다 =

➡

· 나는 만날 거야. =

➡

· 내 친구 = My friend(마이 프렌드)

➡

· 나는 내 친구를 만날 거야. =

➡

· 그리고 =

➡

· CGV = CGV(씨쥐브이)

➡

· ~에 가다. =

➡

· CGV에 가다. =

➡

· 나는 내 친구를 만나서 CGV에 갈 거야 =

➡

["그녀는 나를 사랑해?"를 배워보도록 할게요.]

우리 15강에서 "너는 나를 사랑하니?" 하고 물어볼 때
어떻게 말했었죠?

· 너는 좋아하니? Do you love?(두 유 러브?)
· 너는 나를 사랑하니? Do you love me?(두 유 러브 미?)

하고 물어 봤었죠~ 이 방법과 똑같이 물어보면 되는데,
주어가 '그녀' 일 때는 Do(두)대신 Does(더즈)를 써 주어야 해요.

· 그녀는 사랑해? = Does she love?(더즈 쉬 러브?)
· 나를 = me(미)
· 그녀는 나를 사랑해? = Does she love me?(더즈 쉬 러브 미?)

이렇게요! 엄청 간단하죠?^^

Q. 도대체 언제 Do(두)를 쓰고, 언제 Does(더즈)를 쓰나요?

Do(두)가 쓰일 때!

'you(유)너'에게 물어 볼 때는 무조건 Do(두)를 씁니다.
'We(위)우리/They(데이)그들'처럼 여러 명일 때도 Do(두)를 씁니다.

Does(더즈)가 쓰일 때!

you(유)를 제외한 다른 사람 1명일 때 씁니다.
→ she(쉬)그녀/he(히)그/철수 : 3인칭단수일 때

이제 정리가 되셨죠?^^

Do(두)	Does(더즈)
너는 좋아해?	그는 좋아해?
Do you like?	Does he like?
(두 유 라익?)	(더즈 히 라익?)
우리는 좋아해?	그녀는 좋아해?
Do we like?	Does she like?
(두 위 라익?)	(더즈 쉬 라익?)
그들은 좋아해?	철수는 좋아해?
Do they like?	Does 철수 like?
(두 데이 라익?)	(더즈 철수 라익?)
너는 그녀를 좋아해?	그는 그녀를 좋아해?
Do you like her?	Does he like her?
(두 유 라익 허얼?)	(더즈 히 라익 허얼?)
우리는 그녀를 좋아해?	그녀는 그를 좋아하나요?
Do we like her?	Does she like him?
(두 위 라익 허얼?)	(더즈 쉬 라익 힘?)
그들은 그녀를 좋아해?	철수는 그녀를 좋아하나요?
Do they like her?	Does 철수 like her?
(두 데이 라익 허얼?)	(더즈 철수 라익 허얼)

※ 그는 좋아해? "Does he like?"에서 like 뒤에 s는 쓰지 않아요.
likes뒤에 있던 s가 앞의 Do뒤에 가서 Does라고 쓰인 것이기 때문에 likes에서 s가 탈락되고 동사는 원래 원형 그대로 like를 써줍니다^^

1. 나는 안 사다. =

2. 나는 학교 안 가다. =

3. 철수는 먹는다. =

4. 나는 일하다. =

5. 너는 일하다. =

6. 그녀는 일하다. =

7. 너는 나를 사랑하니? =

8. 너는 그를 좋아하니? =

9. 나는 너를 만날 거야. =

10. 나는 영어 공부 할 거야. =

11. 나는 너를 만나서 커피를 마실 거야.

   =

12. 나는 내 친구를 만나서 CGV에 갈 거야.

   =

13. 그녀는 나를 사랑해?

   =

1. 나는 안 사다. = I don't buy.

2. 나는 학교 안 가다. = I don't go to school.

3. 철수는 먹는다. = 철수 eats.

4. 나는 일하다. = I work.

5. 너는 일하다. = You work.

6. 그녀는 일하다. = She works.

7. 너는 나를 사랑하니? = Do you love me?

8. 너는 그를 좋아하니? = Do you like him?

9. 나는 너를 만날 거야. = I will meet you.

10. 나는 영어 공부 할 거야. = I will study English.

11. 나는 너를 만나서 커피를 마실 거야.

    = I will meet you and drink coffee.

12. 나는 내 친구를 만나서 CGV에 갈 거야.

    = I will meet my friend and go to CGV.

13. 그녀는 나를 사랑해?

    = Does she love me?

["너는 버스 탈 거야?"를 배워보도록 할게요.]

우리 '~할 거야' 어떻게 말했었죠?

will(윌) = ~할 거야 라고 했죠^^

· 나는 ~할 거야 = I will.(아이 윌) 이렇게 말했으니 그럼,

'너는 ~할 거야?' 하고 물을 땐 어떻게 할까요?

그냥 will(윌)을 제일 앞에 써 주면 돼요.

· Will you?(윌 유) = 너는 ~할 거야?

이렇게요~ 간단하죠?^^

· 타다 = take(테이크)
· 너는 탈 거야? = Will you take?(윌 유 테이크?)
· 너는 버스 탈 거야? = Will you take a bus?(윌 유 테익 어 버스?)

이렇게 말하면 되겠죠? 너무 쉽죠?^^

예문

■ 너는 버스 탈 거야?

Will you take a bus?

(윌 유 테익 어 버스?)

■ 너는 지하철 탈 거야?

Will you take a subway?

(윌 유 테익 어 썹웨이?)

■ 너는 커피 마실 거야?

Will you drink coffee?

(윌 유 드링크 커피?)

■ 너는 물 마실 거야?

Will you drink water?

(윌 유 드링크 워러?)

■ 너는 그 가방 살 거야?

• 사다 = buy(바이)

• 그 가방 = the bag(더 백)

· ~할 거야?

⏩

· 너는 ~할 거야?

⏩

· 너는 살 거야?

⏩

· 너는 그 가방 살 거야?

⏩

20강 "너는 그녀를 사랑하니?"와 대답하기 Do you love her?

[질문하기]

"너는 그녀를 사랑하니?"라고 질문하는 말을 배워 볼게요^^

· 사랑하다 = love(러브)
· 그녀를 = her(허얼)
· 그녀를 사랑하다 = love her(러브 허얼)
· 너는 그녀를 사랑하다 = You love her.(유 러브 허얼)

그런데 오늘 우리가 할 말은 "너는 그녀를 사랑하니?"이니까
· 너 = You(유)

너에게 물어볼 땐 어떻게 한다고 했죠?
Do(두)를 앞에 쓴다 했죠~ 그래서!

· Do you love her?(두 유 러브 허얼?) = 너는 그녀를 사랑하니?
이렇게 말할 수 있겠네요~^^

[대답하기]

· 긍정의 대답: Yes(예스)
· 부정의 대답: No(노)

그럼 "응! 나는 그녀를 사랑해"라고 대답할 땐
· Yes I do.(예스 아이 두)라고 말해요^^

Q. 줄라이! '나는 그녀를 사랑해'가 I love her.(아이 러브 허얼)이니까 대답도 Yes, I love
her.(아이 러브 허얼)이라고 해야 되지 않나요? 그런데 왜 Yes, I do.(예스, 아이 두)라고
만 대답해요?

A. "Yes, I love her."이라고 대답해도 맞아요^^ 그런데 우리가 평소 대화할 때 "너 오늘 이
마트 가서 과일 살 거야?" 하고 물어 본다면 대답할 때 "응 나 이마트 가서 과일 살 거
야!"라고 안 하고 "응! 살 거야"라고 짧게 대답하죠? 그 '살 거야'라는 문장 안에 '이마
트 가서 과일을 산다'라는 의미가 다~ 담겨져 있죠? 영어도 그렇답니다^^

그래서,

Yes, I love her.(예스, 아이 러브 허얼)이라고 대답할 수도 있지만
Yes, I do.(예스, 아이 두)라고 짧게 대답하는 거예요^^

그럼, "아니, 나는 그녀를 사랑 안 해"라고는 어떻게 대답할까요?
· 나는 하다 = I do.(아이 두)
'나는 안 하다'는 do(두) 뒤에 not(낫)을 붙여
· 나는 안 하다 = I do not.(아이 두 낫)

그런데 do not(두 낫)은 줄여서 don't(돈 트)라고 말했죠?
· 아니! 나는 그녀를 사랑 안 해 = No, I don't.(노, 아이 돈트)로 짧게 대답해주면 됩니다^^

정리하면!
※ Do(두)로 물어볼 땐 do(두) 또는 don't(돈트)로 대답해 주세요.

이제 대답도 잘할 수 있겠죠?^^

1-20. 직접 써볼까요?

- 너는 나를 좋아하니?
- Do you like me?

  (두 유 라익 미?)

· 응, 좋아해 =

▶ _____

· 아니, 안 좋아해 =

▶ _____

"그는 커피 만들어?"와 대답하기
Does he make coffee?

[질문하기]

"그는 커피 만들어?"라고 묻고 대답하는 것을 배워 볼게요^^

· 만들다 = make(메이크)
· 그는 만들다 = He makes(히 메익스)

여기서는 make 뒤에는 왜 s를 붙였죠?

· I(아이)나 = 1인칭단수
· You(유)너 = 2인칭단수

나도 아니고 너도 아닌 다른 애 하나!
· He/She/철수 = 3인칭단수

3인칭단수 뒤에 오는 동사는 동사 뒤에 s를 붙인다! 기억나죠?^^
그래서 '그는 만들다'는 make뒤에 s를 붙여
· 그는 만들다 = He makes(히 메익스)라고 말했습니다.

그럼 "그는 만들어?"라는 질문은 어떻게 할까요?
동사를 의문문으로 만들 때는 Do(두) 또는 Does(더즈)를 사용하는데
주어가 1인칭단수/2인칭단수일 때는 Do를 쓰고
3인칭단수일 때는 Does를 쓴다고 했었죠!^^

그럼 He(히)는 3인칭단수이니까 Does를 맨 앞으로 넣어주면 되겠네요.

· 그는 만들어? = Does he make?(더즈 히 메익?)

Q. 어! 줄라이 make(메이크) 뒤에 s가 빠졌는데요?

A. Does로 물어볼 땐 동사 뒤에 붙었던 s는 사라지고 동사원형으로 말해준다 했었죠~

그래서,
Does he makes?(X)가 아니라
Does he make?(O)가 맞습니다.

그럼 "그는 커피 만들어?"를 한번 말해볼까요?
· 그는 만들어? = Does he make?(더즈 히 메익?)
· 커피 = coffee(커피)
· 그는 커피 만들어? = Does he make coffee?(더즈 히 메익 커피?)

[대답하기]

· 긍정의 대답: Yes(예스)
· 부정의 대답: No(노)

그럼 대답은 어떻게 할까요?

"응, 커피 만들어" 하고 대답하려면,
Yes, he does.(예스, 히 더즈)

※ he does(히 더즈) = '그는 하다'라는 뜻이죠.

"그는 만들어?"라고 물어봤을 때,

그는 커피 만들어 = He makes coffee(히 메익스 커피)

라는 내용을 he does(히 더즈) 안에 모두 담고 있는 거예요^^

"아니, 안 만들어" 하고 대답하려면

No, he doesn't.(노 히 더즌트)라고 하면 되겠네요.

이제 질문도 잘 하고 대답도 잘할 수 있겠죠?^^

■ 그는 물을 마시니?

• Does he drink water?
  (더즈 히 드링크 워러?)

· 응, 마셔 =

○ ⎯⎯⎯⎯⎯⎯⎯⎯⎯⎯⎯

· 아니, 안 마셔 =

○ ⎯⎯⎯⎯⎯⎯⎯⎯⎯⎯⎯

"나와 결혼해 줄래?"와 대답하기
Will you marry me?

[질문하기]

"나와 결혼해 줄래?"라고 물어 보고, 대답하는 것을 배워 볼게요^^

우리가 16강에서 배웠었던 '~할 거야?'는 어떻게 말했었죠?

· 나는 ~할 거야 = I will(아이 윌)

· 결혼하다 = marry(메리)

· 나는 결혼할 거야 = I will marry.(아 윌 메리)

이렇게 말했죠? 그럼 이제 질문하는 형태로 "너는 결혼할 거야?"라고 말하고 싶으면 어떻게 한다 했었죠?

Will(윌)을 제일 앞으로 써주면서

· 너는 ~할 거야? = Will you?(윌 유?)

· 너는 결혼할 거야? = Will you marry?(윌 유 메리?)

· 나와 = me(미)

· 너는 나와 결혼할 거야? = Will you marry me?(윌 유 메리 미?)

이렇게 말한다 했었죠^^

Will you marry me?(윌 유 메리 미?)는 직역하면 '너는 나와 결혼할 거야?'가 되지만, 청혼할 때는 '나와 결혼해 줄래?'라는 의미로 쓰인답니다^^

그럼, 대답도 해줘야죠. Do(두)로 물어볼 땐 Do로 대답하고 Does(더즈)로 물어볼 땐 Does로 대답했으니,

Will(윌)로 물어볼 땐 어떻게? Will(윌)로 대답해주면 되겠죠~

[대답하기]

· 긍정의 대답: Yes(예스)
· 부정의 대답: No(노)
그럼 대답은 어떻게 할까요?

"응, 결혼할 거야" 하고 대답하려면
Yes, I will.
(예스, 아이 윌)

※ I will.(아이 윌) = '나는 할 거야'라는 뜻이죠.
너는 결혼할 거야? 하고 물어봤을 때,
나는 결혼할 거야 = I will marry.(아 윌 메리)
라는 내용을 I will(아이 윌) 안에 모두 담고 있는 것이랍니다^^

"아니, 결혼 안 할 거야"라고 대답하려면
No, I won't.
(노, 아이 윙트)
라고 하면 돼요~

※ '안 할 거야'는 will not(윌 낫)이라고 하는데, will not(윌 낫)은 줄여서 won't(윙트)라고
   한답니다^^

■ 너는 영어 공부 할 거야?

• Will you study English?

(윌 유 스터디 잉글리쉬?)

· 응, 할 거야. =

· 아니, 안 할 거야. =

우리가 그동안 '마시다/만들다/가다/오다'같은 현재형만 배웠었죠^^

오늘은 '마셨다/만들었다/갔었다/왔었다'처럼

동사의 과거형을 배워보도록 하겠습니다.

현재		과거	
가다	go(고)	갔었다	went(웬트)
원하다	want(원트)	원했었다	wanted(원티드)
먹다	eat(잇)	먹었다	ate(에잇트)
마시다	drink(드링크)	마셨다	drank(드랭크)
사다	buy(바이)	샀었다	bought(보옷트)
만나다	meet(밋)	만났었다	met(멧트)
가지다	have(해브)	가졌다	had(해드)
얻다	get(겟)	얻었다	got(갓)
보다	see(씨)	봤었다	saw(쏘우)
오다	come(컴)	왔었다	came(캐임)
시작하다	begin(비긴)	시작했다	began(비겐)
사랑하다	love(러브)	사랑했다	loved(러브드)
좋아하다	like(라이크)	좋아했다	liked(라읶드)
생각하다	think(띵크)	생각했다	thought(또우트)
달리다	run(런)	달렸다	ran(렌)
느끼다	feel(필)	느꼈다	felt(뻴트)
잊어버리다	forget(뽈겟)	잊어버렸다	forgot(뽈갓)
걱정하다	worry(워리)	걱정했다	worried(워리드)

["나는 어제 내 친구를 만났다"를 말해보도록 할게요.]

'만나다'는 영어로 뭐였죠? meet(밋)이었죠?
그럼, '만났다'는요? met(멧)이라 하죠~

· 만나다 = meet(밋)
· 만났다 = met(멧)

'나는 만나다' 하고 현재를 말할 때는 어떻게 하죠?
· 나는 만나다 = I meet.(아이 밋)

'나는 만나다' 하고 과거를 말할 때에는 어떻게 하면 될까요?
· 나는 만났다 = I met.(아이 멧)
굉장히 간단하죠?^^

그럼, "나는 내 친구를 만났다"
· 내 친구 = my friend(마이 프렌드)

나는 = I(아이)
만났다 = met(멧)
내 친구 = my friend(마이 프렌드)

연결해서 말하면?

· 나는 내 친구를 만났다.

  I met my friend.

  (아이 멧 마이 프랜드)

· 어제 = yesterday(예스터데이)

· 나는 어제 내 친구를 만났다

  I met my friend yesterday.

  (아이 멧 마이 프렌드 예스터데이)

※ yesterday(예스터데이)처럼 시간을 나타내는 말은 대부분 문장의 맨 뒤에 붙이면 된답
   니다^^

1-24. 직접 써볼까요?

■ 나는 어제 가방을 샀다.

• (하나의) 가방 = a bag(어 백)	· 나는 (하나의) 가방을 샀다. ➡
· 샀다. ➡	· 어제 ➡
· 나는 샀다. ➡	· 나는 어제 가방을 샀다. ➡

59

1. 너 버스 탈 거야? =

2. 너는 그 가방 살 거야? =

3. 너는 그녀를 사랑하니? =

   응, 나는 그녀를 사랑해. =

   아니, 나는 그녀를 사랑하지 않아. =

4. 너는 나를 좋아하니? =

   응, 나는 너를 좋아해. =

   아니, 나는 너를 싫어해. =

5. 그는 만들어? =

   응, 만들어. =

   아니, 안 만들어. =

6. 그는 물 마시니? =

   응, 마셔. =

   아니, 안 마셔. =

7. 나와 결혼해 줄래? =

   응, 결혼할 거야. =

   아니, 결혼 안 할 거야 =

8. 너는 영어 공부 할 거야? =

   응, 할 거야. =

   아니, 안 할 거야. =

9. 나는 어제 내 친구를 만났다.

   =

10. 나는 어제 가방을 샀다.

   =

1. 너 버스 탈 거야? = Will you take a bus?

2. 너는 그 가방 살 거야? = Will you buy the bag?

3. 너는 그녀를 사랑하니? = Do you love her?

   응, 나는 그녀를 사랑해. = Yes, I do.

   아니, 나는 그녀를 사랑하지 않아. = No, I don't.

4. 너는 나를 좋아하니? = Do you like me?

   응, 나는 너를 좋아해. = Yes, I do.

   아니, 나는 너를 싫어해. = No, I don't.

5. 그는 만들어? = Does he make?

   응, 만들어. = Yes, he does.

   아니, 안 만들어. = No, he doesn't.

6. 그는 물 마시니? = Does he drink water?

   응, 마셔. = Yes, he does.

   아니, 안 마셔. = No, he doesn't.

7. 나와 결혼해 줄래? = Will you marry me?

   응, 결혼할 거야. = Yes, I will.

   아니, 결혼 안 할 거야. = No, I won't.

8. 너는 영어 공부 할 거야? = Will you study English?

   응, 할 거야. = Yes, I will.

   아니, 안 할 거야 = No, I won't.

9. 나는 어제 내 친구를 만났다.

   = I met my friend yesterday.

10. 나는 어제 가방을 샀다.

   = I bought a bag yesterday.

나는 엔젤리너스에 가서 커피를 마셨다.
I went to Angelinus and drank coffee.

["나는 엔젤리너스에 가서 커피를 마셨다"를 말해볼게요.]

히이~ 너무 길다고요?

여러분은 벌써 이렇게 긴 문장도 다~ 만들 수 있답니다.

그럼, 사실인지 확인해 볼까요?

'나는 갔다' 어떻게 말할까요?

· 가다 = go(고)

· 갔다 = went(웬트)

그럼, 나는 갔다 = I went.(아이 웬트)

어디에 갔죠? 엔젤리너스에

· 엔젤리너스에 = to Angelinus(투 엔젤리너스)

연결해서 말해볼까요?

· 나는 엔젤리너스에 갔다.

  I went to Angelinus(아이 웬 투 엔젤리너스)

짠! 금방 말하기가 됐죠?^^

· 그리고 = and(앤드)

'마셨다'는 어떻게 말했었죠?

'마시다' drink(드링크)의 과거 '마셨다' drank(드랭크)

· 커피를 마셨다 = drank coffee(드랭크 커피)

다 했네요~ 이제 처음부터 끝까지 연결해서 말해볼게요^^

· 나는 엔젤리너스에 가서 커피를 마셨다

  I went to Angelinus and drank coffee.

  (아이 웬 투 엔젤리너스 앤 드랭크 커피)

너무~ 간단하죠?^^

이제 문장이 길다고 겁먹을 필요가 없어요.

천천히 배운 대로 문장을 쪼개서 연결해보면 쉽게 말할 수 있답니다.

1-25. 직접 써볼까요?

■ 나는 홍콩에 가서 쇼핑을 했다.

- 홍콩 = Hongkong(홍콩)
- 쇼핑 = shopping(쇼핑)
- 했다 = did(디드)

· 나는 홍콩에 갔다.

○ _____

· 그리고

○ _____

· 쇼핑을 했다.

○ _____

· 나는 홍콩에 가서 쇼핑을 했다.

○ _____

["나는 안 만들었어요."를 말해보도록 할게요.]

우리 '나는 만들었다' 어떻게 말했었나요?

· 나는 만들다 = I make.(아이 메이크)

· 나는 만들었다 = I made.(아이 메이드) 이렇게 말했었죠?

그럼, '안 만들다'는 어떻게 말할까요?

우선 '안 하다'는 어떻게 말했었죠?

· 하다 = do(두)

· 안 하다 = do not(두 낫) 줄여서 don't(돈트)라고 했었죠!

그럼, '안 했다'는 어떻게 말하면 될까요?

'하다' do(두)의 과거 '했다'를 써서

· 했다 = did(디드)

'안 했다'는 어떻게? did(디드) 뒤에 not(낫)을 붙여

· 안 했다 = did not(디드 낫)이라고 하면 되죠?

did not(디드 낫)은 줄여서 didn't(디든트)라고 말하면 된답니다^^

그렇다면, "나는 안 했다"는 어떻게 말하면 될까요?

· 나는 안 했다 = I didn't(아이 디든트)라고 말할 수 있겠네요.

오늘 할 말인 "나는 안 만들었어요"는 어떻게 말하면 될까요?

· 나는 안 만들었어요 = I didn't make.(아이 디든 메이크)라고 말하면 되겠네요^^

Q. 어! 줄라이~ '안 만들었다'니까 make(메이크)도 made(메이드)로 말해야 하는 거 아닌 가요?

A. 아주! 좋은 질문이에요. 그렇지만, I didn't(아이 디든트)라고 앞에서 한번 do(두)를 과거 로 말해 주었기 때문에 make(메이크)를 또 과거로 말해줄 필요는 없어요!

그래서 I didn't made.(아이 디든 메이드)가 아니라 I didn't make.(아이 디든 메이크)라 고, make(메이크)는 원래 형태 그대로 말해 준답니다^^

I didn't make.
동사원형

※ do의 과거 = did(디드)
※ dose의 과거도 = did(디드)로 써줍니다.

1-26. 직접 써볼까요?

■ 나는 안 샀다.

· 사다.
➡ _____

· 나는 안 했다.
➡ _____

· 나는 안 샀다.
➡ _____

■ 그녀는 거기 안 갔다.

· 가다.
➡ _____

· 그녀는 안 했다.
➡ _____

· 그녀는 안 갔다.
➡ _____

· 거기
➡ there(데얼)

· 그녀는 거기 안 갔다.
➡ _____

65

["나는 아침을 안 먹었어요"를 말해볼게요.]

· 나는 먹다 = I eat.(아이 잇)이라고 하죠.
그런데 '먹다'라고 말할 때는 eat(잇)도 맞지만 have(해브)라는 단어도 많이 사용합니다^^

· 나는 먹다 = I eat.(아이 잇)/I have.(아이 해브)
둘 다 맞는 표현이에요.

아침밥을 뜻하는 '아침'은 영어로 뭘까요?
· 아침밥 = breakfast(브랙퍼스트)라고 해요.
그럼, "나는 아침을 먹다"를 연결해서 쓰면?
· 나는 아침을 먹다 = I have breakfast.(아이 해브 브랙퍼스트)라고 말할 수 있겠네요^^

"나는 아침을 안 먹었어요"라고 지난 일은 어떻게 말하면 될까요?

· 나는 하다 = I do(아이 두)
· 나는 했다 = I did(아이 디드)
· 나는 안 했다 = I did not(아이 디드 낫) 줄여서 I didn't(아이 디든트)
· 나는 안 먹었다 = I didn't have(아이 디든 해브)
· 아침밥 = breakfast(브랙퍼스트)

연결해서 말해 보면!
· 나는 아침(밥)을 안 먹었어요.
  I didn't have breakfast.
  (아이 디든 해브 브랙퍼스트) 이렇게 말할 수 있겠네요^^
너무 쉽죠?

■ 나는 먹다.
I have.
(아이 해브)

■ 나는 아침을 먹다.
I have breakfast.
(아이 해브 브랙퍼스트)

■ 나는 아침을 먹었다.
I had breakfast.
(아이 해드 브랙퍼스트)

■ 나는 하다.
I do.
(아이 두)

■ 나는 했다.
I did.
(아이 디드)

■ 나는 안 했다.
I didn't.
(아이 디든ㅌ)

■ 나는 안 먹었다.
I didn't have.
(아이 디든 해브)

※ 앞에서 didn't라고 과거로 말해 주었기 때문에 have는 동사원형 그대로 써줘요.

■ 나는 점심을 안 먹었다.
I didn't have lunch.
(아이 디든 해브 런치)

1-27. 직접 써볼까요?

■ 나는 저녁을 안 먹었어요.

· 저녁 = dinner(디너)
➡ _____

· 나는 했다.
➡ _____

· 나는 안 했다.
➡ _____

· 나는 안 먹었다.
➡ _____

· 나는 저녁을 안 먹었어요.
➡ _____

67

["너는 왜 공부해?"를 말해보도록 할게요.]

· 너는 해? = Do you?(두유?)

· 공부 = study(스터디)

· 너는 공부해? = Do you study?(두 유 스터디?)

이제 이 정도쯤은 간단하게 말할 수 있죠?

너무 신기하지 않아요? 우리가 이렇게 문장을 만든다는 것이^^

그럼, "왜?" 는 어떻게 말할까요?

· 왜 = why(와이)라고 말합니다.

"너는 왜 공부해?"라고 물을 때

Why(와이)는 문장의 제일 처음에 써주면 돼요~

"너는 왜 공부해?"

Why do you study?(와이 두유 스터디?)

굉장히 간단하죠?

이렇게, 물어볼 때 쓰는 말 〈의문사〉를 이용하면

좀 더 다양하게 물어볼 수 있어요!^^

의문사에는 무엇이 있는지 더 살펴볼까요?

물어볼 때 쓰는 말(의문사)	
누가?	Who(후)
언제?	When(웬)
어디서?	Where(웨얼)
무엇을?	What(왓)
어떻게?	How(하우)
왜?	Why(와이)

※ 물어볼 때 쓰는 말(의문사)은 문장의 제일 처음에 써주세요^^

예문

- 너는 공부해?
  Do you study?
  (두유 스터디?)

- 너는 언제 공부해?
  When do you study?
  (웬 두유 스터디?)

- 너는 어디서 공부해?
  Where do you study?
  (웨얼 두유 스터디?)

- 너는 무엇을 공부해?
  What do you study?
  (왓 두유 스터디?)

- 너는 어떻게 공부해?
  How do you study?
  (하우 두유 스터디?)

- 너는 왜 공부해?
  Why do you study?
  (와이 두유 스터디?)

1-28. 직접 써볼까요?

- 너는 무엇을 먹니?

· 먹다 = eat(잇)
➡ _____

· 너는 하니?
➡ _____

· 너는 먹니?
➡ _____

· 너는 무엇을 먹니?
➡ _____

[질문하기]

"너는 어디에 살아?"를 말해보도록 할게요.
그럼 우선, '살다'라는 단어를 알아야겠죠?

· 살다 = live(리브)입니다.
여기서 '살다'는 거주하다/지내다의 의미예요^^

이제, "너는 살아?" 하고 질문을 해야 하는데,
질문할 때는 'Do(두)'가 맨 앞으로 간다고 했었죠.

· 너는 하니? = Do you?(두유)
· 너는 사니? = Do you live?(두유 리브?) 간단하죠?^^

"어디에 사니?" 하고 '어디'를 물어봐야 하는데, '어디'는 영어로 뭐였죠?
· 어디 = Where(웨얼)이었죠.

Where(웨얼)과 같은 물어보는 단어! 의문사 자리는 어디?
그렇죠! 문장의 제일 처음!! 그럼, 정리해서 말해볼까요?

· 너는 어디에 사니?
  Where do you live?
  (웨얼 두 유 리브?)

이렇게 물어보면 되겠네요^^

[대답하기]

그럼 대답을 한번 해볼까요?

"나는 서울에 살아" 하고 대답해 볼게요.

· 나는 살아 = I live(리브)
· 서울 = Seoul(서울)
· 나는 서울에 살아 = I live in Seoul.(아이 리브 인 서울)
이렇게 대답하면 돼요^^

Q. 어! 줄라이 그런데 왜 I live Seoul(아이 리브 서울)이 아니고 I live in Seoul(아이 리브 인 서울)인가요? in(인)은 뭐죠?

A. in(인)은 '~안에'라는 뜻을 가지고 있어요. 우리가 서울이라는 지역 안에 살고 있는 거니까 in(인)을 써주는 거예요~ 지역 또는 특정 장소 안에 있을 때 써주면 된답니다.

I live in   지역명

※ 지역명 첫 글자는 대문자로 쓰는 거예요. 이제 대답도 잘할 수 있겠죠?^^

1-29. 직접 써볼까요?

■ 너는 어디 사니?

· 너는 어디 사니?   · 나는 부산에 살아.
⮕ _____   ⮕ _____

30강 나는 운전할 수 있어.
I can drive.

["나는 운전할 수 있어"를 말해보도록 할게요.]

'할 수 있어!'라는 말만 알면 간단하게 할 수 있답니다~^^

· 할 수 있어 = Can(캔) 굉장히 간단하죠?
그럼, "나는 할 수 있어!" 어떻게 말할까요?

· 나는 = I(아이)
· 할 수 있어 = can(캔)
· 나는 할 수 있어 = I can.(아이 캔)

'운전하다'는 영어로 뭘까요?
· 운전하다 = drive(드라이브)

그럼, 연결해서 말해볼까요?

· 나는 = I(아이)
· 할 수 있다 = can(캔)
· 운전을 = drive(드라이브)
· 나는 운전할 수 있다
  I can drive.
  (아이 캔 드라이브)

영어, 정말 별거 아니죠?^^

- 나는 말할 수 있다.

  I can speak.

  (아이 캔 스픽크)

- 나는 사랑할 수 있다.

  I can love.

  (아이 캔 러브)

- 나는 만들 수 있다.

  I can make.

  (아이 캔 메익크)

1-30. 직접 써볼까요?

- 나는 영어로 말할 수 있다.
- 영어 = English(잉글리쉬)

· 나는 말할 수 있다.

🡒 _____

· 나는 영어로 말할 수 있다.

🡒 _____

1. 나는 엔젤리너스에 가서 커피를 마셨다.

   =

2. 나는 홍콩에 가서 쇼핑을 했다.

   =

3. 나는 안 만들었다. =

4. 나는 안 샀다. =

5. 그녀는 거기 안 갔다. =

6. 나는 아침을 안 먹었어요. =

7. 나는 저녁을 안 먹었어요. =

8. 너는 왜 공부해? =

9. 너는 무엇을 먹니? =

10. 너는 어디에 살아? =

    나는 서울에 살아. =

11. 나는 부산에 살아. =

12. 나는 운전할 수 있어. =

13. 나는 영어로 말할 수 있다. =

1. 나는 엔젤리너스에 가서 커피를 마셨다.

    = I went to Angelinus and drank coffee.

2. 나는 홍콩에 가서 쇼핑을 했다.

    = I went to Hongkong and did shopping.

3. 나는 안 만들었다. = I didn't make.

4. 나는 안 샀다. = I didn't buy.

5. 그녀는 거기 안 갔다. = She didn't go there.

6. 나는 아침을 안 먹었어요. = I didn't have breakfast.

7. 나는 저녁을 안 먹었어요. = I didn't have dinner.

8. 너는 왜 공부해? = Why do you study?

9. 너는 무엇을 먹니? = What do you eat?

10. 너는 어디에 살아? = Where do you live?

    나는 서울에 살아. = I live in Seoul.

11. 나는 부산에 살아. = I live in Busan.

12. 나는 운전할 수 있어. = I can drive.

13. 나는 영어로 말할 수 있다. = I can speak English.

["나는 더 이상 기다릴 수 없어"를 말해보도록 할게요.]

왠지 길어 보이지만 충분히 쉽게 할 수 있는 말이에요^^

같이 한번 해 볼게요.

"나는 할 수 있어" 어떻게 말했었죠?

· 나는 할 수 있어 = I can.(아이 캔)

그럼, "나는 할 수 없어"는 어떻게 말할까요?

우리 '하다'가 영어로 뭐였죠?

· 하다 = Do(두)

그럼 '안 하다'는요? Do(두) 뒤에 not(낫)을 붙여

· 안 하다 = Do not(두 낫) 줄여서 Don't(돈트)라고 말했었죠?^^

이 방법이랑 똑같아요.

할 수 있다 = Can(캔) 뒤에 not(낫)을 붙여 주면 돼요~

· 나는 할 수 있다 = I can(아이 캔)

· 나는 할 수 없다 = I can not(아이 캔 낫)

I can not(아이 캔 낫)은 줄여서 I can't(아이 캔트)

엄청 간단하죠?

그럼, "나는 기다릴 수 없어"에서 '기다리다'는 영어로 뭘까요?

· 기다리다 = wait(웨이트)

· 나는 할 수 없어 = I can't(아이 캔트)

· 나는 기다릴 수 없어 = I can't wait(아이 캔트 웨이트)

· 더 이상 = anymore(애니모얼)

· 나는 더 이상 기다릴 수 없어

I can't wait anymore.

(아이 캔ㅌ 애니모얼) 간단하죠?^^

■ 나는 더 이상 걸을 수 없어.

• 걷다 = walk(워크)

· 나는 할 수 있어.

●　＿＿＿＿＿＿＿＿＿＿

· 나는 할 수 없어.

●　＿＿＿＿＿＿＿＿＿＿

· 나는 걸을 수 없어.

●　＿＿＿＿＿＿＿＿＿＿

· 더 이상

●　＿＿＿＿＿＿＿＿＿＿

· 나는 더 이상 걸을 수 없어.

●　＿＿＿＿＿＿＿＿＿＿

77

["너는 만들 수 있어?"를 말해보도록 할게요.]

"너는 할 수 있어?"라고 물어 볼 땐

"할 수 있어" = Can(캔)을 문장의 제일 처음으로 보내서 말해주면 돼요^^

· 할 수 있어 = Can(캔)

· 너 = you(유)

· 너는 할 수 있어? = Can you?(캔 유?)

너무 간단하죠?^^;; 영어가 이렇답니다.

· 만들다 = make(메익ㅋ)

· 너는 만들 수 있어? = Can you make?(캔 유 메익ㅋ?)

예문

■ 너는 할 수 있어?

Can you?

(캔 유?)

■ 너는 사랑할 수 있어?

Can you love?

(캔 유 러브?)

■ 너는 기다릴 수 있어?

Can you wait?

(캔 유 웨잇ㅌ?)

■ 너는 마실 수 있어?

Can you drink?

(캔 유 드링크?)

1-32. 직접 써볼까요?

■ 너는 나를 사랑할 수 있어?

• 나를 = me(미)

· 너는 할 수 있어?

▶ _____

· 너는 사랑할 수 있어?

▶ _____

· 너는 나를 사랑할 수 있어?

▶ _____

내가 너에게 뛰어 갈 수 있을까?
Can I run to you.

["내가 너에게 뛰어 갈 수 있을까?"를 말해보도록 할게요.]

우선! 우리 "너는 할 수 있어?" 어떻게 썼었죠?
· 너는 할 수 있어? = Can you?(캔 유?)

그럼, "나는 할 수 있어?" 이 말은 즉 "나는 할 수 있을까?"죠!
어떻게 말하면 될까요?

you(유) 자리를 I(아이)로 바꿔서 써주면 되겠네요^^
· 나는 할 수 있을까? = Can I?(캔 아이?)

그럼, '뛰다'는 영어로?
· 뛰다 = run(런)
· 내가 뛸 수 있을까? = Can I run?(캔 아이 런?)
이렇게 말하면 되겠네요~ 너무 쉽죠?^^

그럼 좀 더 살을 붙여서
"내가 너에게 뛰어 갈 수 있을까?"는 어떻게 말하면 될까요?
· 너 = you(유)이니까
Can I run you?(캔 아이 런 유?) 이렇게 하면 되지 않을까요?
네! 안 돼요^^

you(유) 앞에는 '~에', '~으로'의 방향을 나타내는 말 to(투)를 써 줘야 자연스러워요^^
Can I run to you(캔 아이 런 투 유?) "내가 너에게 뛰어 갈 수 있을까?"하고,
· to you(투 유) = 너에게 라고 써주어야 된답니다.^^

· 내가 너에게 뛰어 갈 수 있을까?

Can I run to you?

(캔 아이 런 투 유?)

우리 "나는 학교에 가다" 할 때도

I go to school(아이 고 투 스쿨)이라고 배웠었죠~

여기서 to(투)도 '~에'라고 방향을 나타내는 거라 했었죠!^^

5강에서 배웠던 것과 같은 거랍니다. 기억이 새록새록 나시나요?

예문

■ 내가 말할 수 있을까?

Can I speak?

(캔 아이 스피크?)

■ 내가 운전할 수 있을까?

Can I drive?

(캔 아이 드라이브?)

■ 내가 갈 수 있을까?

Can I go?

(캔 아이 고?)

■ 내가 날 수 있을까?

Can I fly?

(캔 아이 플라이?)

1-33. 직접 써볼까요?

■ 내가 너를 사랑할 수 있을까?

• 너를 = you(유)

· 나는 할 수 있을까?

○➡

· 사랑

○➡

· 나는 사랑할 수 있을까?

○➡

· 나는 너를 사랑할 수 있을까?

○➡

["너는 여기 와서 점심 먹어도 돼"를 말해보도록 할게요.]

아직도 '나 같은 왕초보가 저렇게 긴 말을 어떻게 해요!'라고 생각하시나요?

전혀 어렵지 않아요. 1강부터 33강까지 열심히 공부하셨다면
이 정도쯤은 충분히 금방 말할 수 있답니다.
다만, 입에서 빠르게 나오지 않을 뿐이에요~
완성된 문장을 만들고, 여러 번 읽어주면 빠르게 말할 수 있어요.
그럼 시작해 보도록 할게요~

자! "나는 할 수 있다" 어떻게 썼었죠?
· 나는 할 수 있다 = I can.(아이 캔)
그럼 "너는 할 수 있다"는 어떻게?
· 너는 할 수 있다 = You can.(유 캔)

민망하게 벌써 다 배웠네요;;
You can.(유 캔) = 너는 할 수 있어/ 너는 해도 돼
이렇게 말할 때 쓴답니다.

"오다"는 영어로 뭐였죠? 기억이 안 나면 얼른 3강으로 가보세요!
· 오다 = come(컴) 그럼, 연결해서 말해볼게요.
· 너는 와도 돼 = You can come(유캔 컴)
· 여기 = here(히얼)
· 너는 여기 와도 돼 = You can come here(유 캔 컴 히얼)

엄청 간단하죠?^^

'그리고'는 영어로 어떻게 썼었나요?

· 그리고 = and(앤드)

'점심을 먹다'는 어떻게 썼었죠?

· 먹다 = eat(잇)도 쓰고 have(해브)도 쓰는데 have(해브)도 많이 쓴다 했었죠? have(해브)
  를 이용해서 말해볼게요~

· 점심 = lunch(런치)
· 점심을 먹다 = have lunch(해브 런치)

자~ 보니까 다 배웠던 문장들이고 쓸 수 있는 말들이었죠?
신기하죠? You can(유 캔) '너는 해도 돼' 하나 배웠을 뿐인데^^
정리해서 말해볼까요?

· 너는 여기 와서 점심 먹어도 돼
  You can come here and have lunch.
  (유 캔 컴 히얼 앤 해브 런치)
이렇게 말할 수 있겠네요^^ 진짜 별거 아니죠?

1-34. 직접 써볼까요?

■ 너는 여기 와서 저녁 먹어도 돼.

• 저녁 = dinner(디널)

· 너는 해도 돼.(너는 할 수 있어)
➡ _____

· 여기 오다.
➡ _____

· 그리고
➡ _____

· 저녁을 먹다.
➡ _____

· 너는 여기 와서 저녁 먹어도 돼.
➡ _____

["나는 당신의 사랑을 느낄 수 있었어"를 말해보도록 할게요.]

자! 오늘도 역시나 별거 아니니 겁먹지 말고! 천천히 따라오세요^^

· 나는 할 수 있어 = I can.(아이 캔)

이건 하도 해서 금방금방 나오죠?

그럼, "나는 할 수 있었어"라고 지나간 일은 어떻게 말할까요?

Could(쿳ㄷ)라고 말합니다.

Can(캔) = 할 수 있다.
Could(쿳ㄷ) = 할 수 있었다.

· 나는 할 수 있었어 = I could(아이 쿳ㄷ)

· 느끼다 = feel(필)

· 나는 느낄 수 있었어 = I could feel(아이 쿳ㄷ 필)

· 당신의/너의 = your(유얼)

· 당신의 사랑 = your love(유얼 러브)

· 나는 당신의 사랑을 느낄 수 있었어

  I could feel your love.

  (아이 쿳ㄷ 필 유어 러브)

이렇게 말할 수 있겠네요^^

■ 나는 살 수 있었어.
I could buy.
(아이 쿳ㄷ 바이)

■ 나는 달릴 수 있었어.
I could run.
(아이 쿳ㄷ 런)

■ 나는 사랑할 수 있었어.
I could love.
(아이 쿳ㄷ 러브)

■ 나는 시작할 수 있었어.
I could begin.
(아이 쿳ㄷ 비긴)

1-35. 직접 써볼까요?

■ 나는 당신의 마음을 느낄 수 있었어.

· 나는 할 수 있었어.
➡ _____

· 느끼다.
➡ _____

· 나는 느낄 수 있었어.
➡ _____

· 너의 마음.
➡ your heart(유얼 하르트)

· 나는 당신의 마음을 느낄 수 있었어.
➡ _____

["나는 지난주에 일할 수 없었어."를 말해보도록 할게요.]

'나는 할 수 있었어.'는 어떻게 말했나요?

· 나는 할 수 있었어. = I could(아이 쿧ㄷ)

'나는 할 수 없었어.'는 어떻게 말하면 될까요?

could(쿧ㄷ) 뒤에 not(낫)을 붙여주면 돼요~

· 나는 할 수 없었어 = I could not(아이 쿧ㄷ 낫)

줄여 쓰면 I couldn't(아이 쿠든ㅌ)라고 말할 수 있어요.

· 일 = work(월크)

· 나는 일할 수 없었어

  I couldn't work.

  (아이 쿠든ㅌ 월크)

· 지난주 = last week(라스트 윅)

시간을 나타내는 말은 대부분 문장의 맨 뒤에서 말한답니다.

그럼, 정리해서 연결해보면

· 나는 지난주에 일할 수 없었어

  I couldn't work last week.

  (아이 쿠든ㅌ 월크 라스트 윅) 이렇게 말할 수 있겠네요^^

나는 ~할 수 없었어.

I could not = I couldn't

- 나는 사랑할 수 없었어.
  I couldn't love.
  (아이 쿠든트 러브)

- 나는 만들 수 없었어.
  I couldn't make.
  (아이 쿠든트 메익)

- 나는 볼 수 없었어.
  I couldn't see.
  (아이 쿠든트 씨)

- 나는 마실 수 없었어.
  I couldn't drink.
  (아이 쿠든트 드링크)

1-36. 직접 써볼까요?

- 나는 너를 믿을 수 없었어.
- 믿다 = believe(빌리브)

· 나는 ~할 수 있었어.
➡

· 나는 ~할 수 없었어.
➡

· 믿다
➡

· 나는 믿을 수 없었어.
➡

· 너를
➡

· 나는 너를 믿을 수 없었어.
➡

1. 나는 더 이상 기다릴 수 없어. =

2. 나는 더 이상 걸을 수 없어. =

3. 너는 만들 수 있어? =

4. 너는 나를 사랑할 수 있어? =

5. 내가 너에게 뛰어 갈 수 있을까? =

6. 내가 너를 사랑할 수 있을까? =

7. 너는 여기 와서 점심 먹어도 돼!

   =

8. 너는 여기 와서 저녁 먹어도 돼.

   =

9. 나는 당신의 사랑을 느낄 수 있었어.

   =

10. 나는 당신의 마음을 느낄 수 있었어.

    =

11. 나는 지난주에 일할 수 없었어.

    =

12. 나는 너를 믿을 수 없었어.

    =

1. 나는 더 이상 기다릴 수 없어. = I can't wait anymore.

2. 나는 더 이상 걸을 수 없어. = I can't walk anymore.

3. 너는 만들 수 있어? = Can you make?

4. 너는 나를 사랑할 수 있어? = Can you love me?

5. 내가 너에게 뛰어 갈 수 있을까? = Can I run to you.

6. 내가 너를 사랑할 수 있을까? = Can I love you?

7. 너는 여기 와서 점심 먹어도 돼!

   = You can come here and have lunch.

8. 너는 여기 와서 저녁 먹어도 돼.

   = You can come here and have dinner.

9. 나는 당신의 사랑을 느낄 수 있었어.

   = I could feel your love.

10. 나는 당신의 마음을 느낄 수 있었어.

    = I could feel your heart.

11. 나는 지난주에 일할 수 없었어.

    = I couldn't work last week.

12. 나는 너를 믿을 수 없었어.

    = I couldn't believe you.

["너, 그 여자랑 결혼 안 할 거야?"를 말해보도록 할게요.]

왠지 어려울 것 같지만 역시나 앞에서 배웠던 문장들을
하나하나 복습하면서 천천히 말해볼 거라 별로 어렵지 않답니다.
자! 그럼 우리 천천히 같이 해볼게요~

'나는 ~할 거야!' 어떻게 말했었죠?
· ~할 거야 = will(윌)
· 나는 ~할 거야 = I will.(아이 윌)

그럼, '나는 안 할 거야'는 어떻게 말했었죠?
will(윌) 뒤에 not(낫)을 붙이고, will not(윌 낫) 줄여서
won't(웡트)라고 썼었죠?^^
· 나는 ~안 할 거야 = I won't.(아이 웡트)

'너는 ~할 거야?' 하고 물어볼 땐 어떻게 해야 하나요?
will(윌)을 문장의 맨 앞으로 보내서!!
Will you?(윌 유?)라고 말했었죠?
어때요? 기억이 새록새록 나시죠?

그럼, '너는 ~안 할 거야?'는 어떻게 말할까요?
위에서 복습했던 것처럼 will(윌) 뒤에 not(낫)을 붙여
Will not you?(윌 낫 유?) 이렇게요~
그런데 '너는 ~안 할 거야?'라고 물어볼 땐
Will not you?(윌 낫 츄?)라고 풀어 쓰지 않고
Won't you(웡트츄?)라고 줄여서 말해요^^

자! 그럼, '너는 결혼 안 할 거야?'

· 너는 안 할 거야? = Won't you?(원ㅌ 츄?)

· 결혼하다 = marry(메리)

· 너는 결혼 안 할 거야? = Won't you marry?(원ㅌ 츄 메리?)

· 여자 = girl(걸)

· 그 여자 = the girl(더 걸)

· 너는 그 여자랑 결혼 안 할 거야?

  Won't you marry the girl?

  (원ㅌ 츄 메리 더 걸?)

이렇게 말할 수 있겠네요~ 정말 간단하죠?^^

Q. 줄라이, 여기서 the(더)는 왜 붙나요?

A. 이 문장에서 the girl(더 걸)은 그냥 여자 girl(걸)이 아니라 너도 알고 나도 알고 있는
   특정한 한 명의 사람! '그 여자'를 말하는 것이라서 girl(걸)이라고 안하고 the girl(더 걸)
   이라고 하는 거랍니다.

1-37. 직접 써볼까요?

■ 너는 그 남자랑 결혼 안 할 거야?

· 너는 ~안 할 거야?.   · 그 남자
➡   ➡ the man(더 맨)

· 결혼   · 너는 그 남자랑 결혼 안 할 거야?
➡   ➡

· 너는 결혼 안 할 거야?
➡

38강

나는 버스 타기를 원해.
I want to take a bus.

["나는 버스 타기를 원해"를 말해보도록 할게요.]

우리 to school(투 스쿨)하면 '학교에'라고 배웠고(5강)
to you(투 유)라고 하면 '너에게'라고 배웠었어요^^(33강)
이렇게 to(투)는 뒤에 어떤 단어가 오냐에 따라 뜻이 다양하게 달라져요~

오늘의 to(투)는 '~하기를'이라는 뜻을 가진 to(투)인데요,
to(투) 뒤에 동사원형이 오면 '~하기를'이란 뜻이 돼요^^

· 만나다 = meet(밋)
· 만나기를 = to meet(투 밋)

· 보다 = see(씨)
· 보기를 = to see(투 씨)

· 타다 = take(테이크)
· 타기를 = to take(투 테익)

이렇게요~ 별거 아니죠?^^

자! 그럼, 오늘 우리가 해볼 말 "나는 버스 타기를 원해" 어떻게 쓸까요?

· 나는 원해 = I want(아이 원트)
· 타기를 = to take(투 테익)
· 버스 = a bus(어 버스)

· 나는 버스 타기를 원해

I want to take a bus.

(아이 원 츄 테익 어 버스)

to+동사원형 = ~하기를

■ 나는 원해.

I want.

(아이 원트)

■ 나는 너를 보기를 원해.

I want to see you.

(아이 원 투 씨 유)

■ 나는 너를 만나길 원해.

I want to meet you.

(아이 원 투 밋 유)

■ 나는 지하철 타기를 원해.

I want to take a subway.

(아이 원 투 테익 어 섭웨이)

1-38. 직접 써볼까요?

■ 나는 버스 타기를 좋아해.

• 좋아하다 = like(라이크)

· 나는 좋아해.

◉ _____

· 타기를

◉ _____

· 버스

◉ _____

· 나는 버스 타기를 좋아해.

◉ _____

["나는 두꺼운 책을 가지고 있어"를 말해보도록 할게요.]

'가지다/가지고 있다'는 영어로 어떻게 말할까요?

· Have(해브) = 가지다/가지고 있다 이렇게 말합니다.

그럼, '나는 가지고 있어'는 어떻게 말할까요?

· 나는 가지고 있어 = I have.(아이 해브) 이렇게 말하겠죠?

이제, '두꺼운 책'을 영어로 말해볼까요?

· 책 = book(북)

· 두꺼운 = thick(띠크)

· 두꺼운 책 = thick book(띠크 북)

연결해서 한번 말해볼까요?

· 나는 = I(아이)

· 가지고 있다 = have(해브)

· 두꺼운 책을 = a thick book(어 띠크 북)

· 나는 두꺼운 책을 가지고 있다

  I have a thick book.

  (아이 해브 어 띠크 북)

Q. 줄라이, 여기서 왜 thick book(띠크 북)이라고 안하고 a thick book(어 띠크 북)이라 하나요?

A. 우리 10강에서 배웠었죠? 하나의 사물이름 앞에는 a(어)를 붙인다! "나는 (하나의) 두 꺼운 책을 가지고 있어"의 의미로 쓰인 것이기 때문에 thick book(띠크 북)이 아니라 a thick book(어 띠크 북)이라고 말한답니다^^

- 나는 가지고 있다.

  I have.

  (아이 해브)

- 나는 두꺼운 책을 가지고 있다.

  I have a thick book.

  (아이 해브 어 띠크 북)

- 나는 얇은 책을 가지고 있다.

  I have a thin book.

  (아이 해브 어 띤 북)

- 나는 행복한 책을 가지고 있다.

  I have a happy book.

  (아이 해브 어 해피 북)

1-39. 직접 써볼까요?

- 나는 좋은 책을 가지고 있어.

• 좋은 = good(굿)

· 나는 가지고 있다.

◑ _____

· (하나의) 좋은 책

◑ _____

· 나는 좋은 책을 가지고 있다.

◑ _____

["나는 시간과 돈이 좀 필요해"를 말해보도록 할게요.]

너무 길어요? 아니에요^^

천천히 저랑 같이 하면 쉽게 금방 말할 수 있어요.

자! 그럼, 겁먹지 말고 하나하나 문장을 만들어 봅시다!!

'필요하다'는 영어로 어떻게 말할까요?

· 필요하다 = need(니드)

· 나는 필요하다 = I need.(아이 니드)

벌써 문장의 절반이 완성 되었네요^^

좀, 조금, 약간… 이런 뜻을 가지고 있는 단어는 뭘까요?

· 좀, 조금, 약간 = some(썸)입니다.

some(썸)은 정확한 수가 아니라,

대략적인 '약간의 수'를 말할 때 써요^^

그럼 연결해서 말해볼게요.

· I need some(아이 니드 썸) = 나는 약간의 무언가가 필요해.

우리 무엇이 필요하다 했었죠?

'시간과 돈'이 필요하다 했었죠?

· 시간 = time(타임)

· 돈 = money(머니)

· 그리고, ~과 = and(앤드)

· 시간과 돈 = time and money(타임 앤 머니)

자, 이제 정리해 볼게요.

· 나는 시간과 돈이 좀 필요해

 I need some time and money.

 (아이 니드 썸 타임 앤 머니)

이렇게 말할 수 있겠네요~ 오늘도 정말 쉽죠?^^

예문

■ 나는 ~좀 필요해.

 I need some.

 (아이 니드 썸)

■ 나는 물이 좀 필요해.

 I need some water.

 (아이 니드 썸 워러)

■ 나는 돈이 좀 필요해.

 I need some money.

 (아이 니드 썸 머니)

■ 나는 시간이 좀 필요해.

 I need some time.

 (아이 니드 썸 타임)

1-40. 직접 써볼까요?

■ 나는 잠이 좀 필요해.

· 잠 = sleep(슬립)

· 나는 ~좀 필요해.

 ▶ _____

· 잠

 ▶ _____

· 나는 잠이 좀 필요해.

 ▶ _____

["나는 읽을 책을 가지고 있어"를 말해보도록 할게요.]

'가지다/가지고 있다'는 영어로? have(해브)

이제 이 정도쯤이야?^^

· 나는 가지고 있다 = I have(아이 해브)

· (하나의) 책 = a book(어 북)

· 나는 책을 가지고 있다 = I have a book.(아이 해브 어 북)

이렇게 말할 수 있었죠?^^

그런데! '읽을 책'을 가지고 있다고 했는데, '읽을'은 어떻게 쓰죠?

· 행복한 = happy(해피)

· 두꺼운 = thick(띠크)

· 얇은 = thin(띤)

이렇게 사물을 꾸며 주는 말, 형용사를 배웠었는데,

'읽을'이라는 단어도 따로 있지 않을까요?

있으면 좋은데… '읽을'이라는 단어는 따로 없어요ㅠ.ㅠ

그래서 우리가 '읽을'이라는 단어를 만들어 줘야 해요.

read(리드)라는 동사 앞에 to(투)를 붙여주면 '읽을'이라는 뜻이 돼요.

· 읽을 = to read(투 리드)

간단하죠?^^

그래서 정리해 보면,

· 나는 읽을 책을 가지고 있어

I have a book to read.

(아이 해브 어 북 투 리드)

이렇게 써주면 된답니다^^ 정말 쉽죠?

Q. 어! 줄라이, 우리 지난번에 to(투)+동사원형 = ~하기를 이라고 배웠잖아요. read(리드)
도 '읽다'라는 동사니까 '읽기를'이라고 해석해야죠!

A. 맞아요! 아주 좋은 질문이에요^^

· 나는 원해 = I want(아이 원트)
· 만나다 = meet(밋)
· 만나길 = to meet(투 밋)
· 너를 = you(유)
· 나는 너를 만나길 원해

I want to meet you.

(아이 원 투 밋유)라고 했었죠~^^

그런데 to(투)는 변신의 황제에요!
코에 걸면 코걸이, 귀에 걸면 귀걸이가 되듯
뜻이 엄~청 많아요.

· to(투)+동사원형 = '~하기를'도 되지만 '~을'이라고 때에 따라 뜻이 변해요~

Q. 그럼 너무 어렵지 않을까요?ㅠ.ㅠ 헷갈리는데…

A. 전혀~ 헷갈리지 않아요^^ 예문을 해석해 보면

· I want to read a book

　(아이 원 투 리드 어 북)

　나는 책 읽기를 원해.(O)

　나는 책 읽을 원해.(X) 이런 말은 자연스럽지 않죠?

· I have a book to read.

　(아이 해브 어 북 투 리드)

　나는 책을 읽기를 가지고 있다.(X) 이런 말은 없잖아요.

　나는 읽을 책을 가지고 있다.(O)

우리는 '나는 가지고 있다'와 '나는 원하다'라고 잘 말할 수 있기 때문에 to read(투 리드)
가 '읽기를'인지 '읽을'인지 자연스럽게 해결이 됩니다^^

to+장소　　　= ~에

to+사람　　　= ~에게

to+동사원형 = ~하기를

to+동사원형 = ~을

※ to(투)는 변신의 황제!! 문맥에 따라 뜻이 다양하게 바뀐답니다.

1-41. 직접 써볼까요?

■ 나는 읽을 책이 필요해.

• 필요해 = need(니드)

· 나는 ~좀 필요해.
➡

· 읽다
➡

· 읽을
➡

· 읽을 책
➡

· 나는 읽을 책이 필요해.
➡

["나는 내일 거기 갈 수도 있어"를 말해보도록 할게요.]

'나는 할 수 있어'는 영어로?

· 나는 할 수 있어 = I can.(아이 캔)

그럼, '나는 할 수 있었어'는 어떻게 말하죠?

can(캔)의 과거 could(쿳드)를 써서

· 나는 할 수 있었어 = I could.(아이 쿳드)라고 35강에서 배웠습니다.

그런데 could(쿳드)는 '~할 수 있었어'라고 말할 수도 있고,

'~할 수도 있어'라고 가까운 미래를 추측하며 말할 수도 있어요^^

· I could(아이 쿳드) = 나는 ~할 수 있었어/ 나는 ~할 수도 있어

이렇게 과거와 미래 두 가지로 말할 수 있다는 거예요.

· 어제 = yesterday(예스터데이)

· 내일 = tomorrow(투마로우)

yesterday(예스터데이)는 '어제'라는 이미 지나간 과거이죠?

tomorrow(투마로우)는 '내일'이라는 앞으로 다가올 미래이고요^^

· 가다 = go(고)

· 거기 = there(데얼)

· 거기 가다 = go there(고 데얼)

I could go there(아이 쿳드 고 데얼) 뒤에 과거의 단어 yesterday(예스터데이)를 써주면

과거로 해석해서 "나는 어제 거기 갈 수 있었어" 이렇게 말할 수 있고,

I could go there(아이 쿳ㄷ 고 데얼) 뒤에 미래의 단어 tomorrow(투마로우)를 써주면 미
래로 해석하여 "나는 내일 거기 갈 수도 있어" 이렇게 말할 수도 있답니다^^

· I can(아이 캔) = 나는 할 수 있다
· I could(아이 쿳ㄷ) + 과거단어 = 나는 ~할 수 있었어
· I could(아이 쿳ㄷ) + 미래단어 = 나는 ~할 수 있어

· 나는 내일 거기 갈 수도 있어

   I could go there tomorrow.

   (아이 쿳ㄷ 고 데얼 투마로우) 이렇게 말할 수 있겠네요^^

■ 나는 어제 거기 갈 수 있었어.

   I could go there yesterday.

   (아이 쿳ㄷ 고 데얼 예스터데이)

■ 나는 내일 거기 갈 수도 있어.

   I could go there tomorrow.

   (아이 쿳ㄷ 고 데얼 투마로우)

■ 나는 어제 여기 올 수 있었어.

   I could come here yesterday.

   (아이 쿳ㄷ 컴 히얼 예스터데이)

■ 나는 내일 여기 올 수도 있어.

   I could come here tomorrow.

   (아이 쿳ㄷ 컴 히얼 투마로우)

■ 나는 내일 운전할 수도 있어.

• 운전 = drive(드라이브)

· 나는 ~할 수도 있어.

▶

· 나는 운전할 수도 있어.

▶

· 내일

▶

· 나는 내일 운전할 수도 있어.

▶

1. 너, 그 여자랑 결혼 안 할 거야? =

2. 너는 그 남자랑 결혼 안 할 거야? =

3. 나는 버스 타기를 원해 =

4. 나는 버스 타기를 좋아해. =

5. 나는 두꺼운 책을 가지고 있어. =

6. 나는 좋은 책을 가지고 있어. =

7. 나는 시간과 돈이 좀 필요해. =

8. 나는 잠이 좀 필요해. =

9. 나는 읽을 책을 가지고 있어. =

10. 나는 읽을 책이 필요해. =

11. 나는 내일 거기 갈 수도 있어. =

12. 나는 내일 운전할 수도 있어. =

1. 너, 그 여자랑 결혼 안 할 거야? = Won't you marry the girl?

2. 너는 그 남자랑 결혼 안 할 거야? = Won't you marry the man?

3. 나는 버스 타기를 원해 = I want to take a bus.

4. 나는 버스 타기를 좋아해. = I like to take a bus.

5. 나는 두꺼운 책을 가지고 있어. = I have a thick book.

6. 나는 좋은 책을 가지고 있어. = I have a good book.

7. 나는 시간과 돈이 좀 필요해. = I need some time and money.

8. 나는 잠이 좀 필요해. = I need some sleep.

9. 나는 읽을 책을 가지고 있어. = I have a book to read.

10. 나는 읽을 책이 필요해. = I need a book to read.

11. 나는 내일 거기 갈 수도 있어. = I could go there tomorrow.

12. 나는 내일 운전할 수도 있어. = I could drive tomorrow.

43강

나에게 오늘 전화해 주시겠어요?
Could you call me today?

["나에게 오늘 전화해 주시겠어요?"를 말해보도록 할게요.]

Can you?(캔 유?)는 무슨 말이죠?

'너는 ~할 수 있어?'라는 말이죠.

그럼, Could you?(쿠 쥬?)는 무슨 말 일까요?

Can의 과거가 Could(쿳ㄷ)이니까, '너는 ~할 수 있었어?' 아닌가요?

그렇게 해석이 되면 참 좋은데~

영어는 한 단어가 여러 가지 뜻을 가지고 있을 때가 있죠?

42강에서처럼 could(쿳ㄷ)가 '~할 수 있었어?/ ~할 수도 있다'

이렇게 다양한 뜻을 가지는 것처럼 말이에요~

오늘의 Could you?(쿠 쥬)는

'너는 ~할 수 있었어?'라고 말하지 않고

'~해 주시겠어요?'라고 하는 겁니다.

상당히 공손한 표현이에요~

한국어에 존댓말과 반말이 있는 것처럼

Could you?(쿠 쥬?)는 영어의 존댓말이라고 생각하면 돼요^^

· 전화 = call(콜)

· 나에게 = me(미)

· 나에게 전화하다 = call me(콜미)

· 오늘 = today(투데이)

· ~해 주시겠어요? = Could you?(쿠 쥬?)

· 전화해 주시겠어요? = Could you call?(쿠 쥬 콜?)

· 나에게 전화해 주시겠어요? = Could you call me?(쿠 쥬 콜미?)

· 나에게 오늘 전화해 주시겠어요?

Could you call me today?

(쿠 쥬 콜미 투데이?)

■ 빌려 주시겠어요?

Could you lend?

(쿠 쥬 렌드?)

■ 와 주시겠어요?

Could you come?

(쿠 쥬 컴?)

■ 믿어 주시겠어요?

Could you believe?

(쿠 쥬 빌리브?)

■ 말해 주시겠어요?

Could you talk?

(쿠 쥬 톡?)

1-43. 직접 써볼까요?

■ 나에게 나중에 전화해 주시겠어요?

• 나중에 = later(레이러)

· ~해 주시겠어요?

▶ _____

· 전화해 주시겠어요?

▶ _____

· 나에게 전화해 주시겠어요?

▶ _____

· 나중에 나에게 전화해 주시겠어요?

▶ _____

["나는 (아마) 너에 대해서 생각할 거야"를 말해보도록 할게요.]

우리 '나는 ~할 거야'는 어떻게 말했었죠?

· 나는 ~할 거야 = I will(아 윌)이라고 16강에서 배웠었죠?^^

I will(아 윌)이 확실하게 '나는 ~할 거야'였다면

'나는 아마 ~할 거야', '나는 ~할 걸?' 요 정도 느낌의

'(아마) ~할 거야'는 I would(아이 우드)라고 합니다.

· 나는 (아마) ~할 거야 = I would(아이 우드)

· 생각하다 = think(띵ㅋ)

· ~에 대해서 = about(어바웃)

· 너에 대해서 = about you(어바웃 츄) 정리해서 말해 보면

· 나는 (아마) 너에 대해서 생각할 거야

I would think about you.

(아이 웃ㄷ 팅ㅋ 어바웃 츄) 너무 간단하죠?^^

※ I would(아이 웃드)는 I'd(아이 드)로 줄여서 말할 수 있어요.

I would(아이 웃ㄷ) = I'd(아이 드)

I would think about you. = I'd think about you.(아이 드 띵ㅋ 어바웃 츄)라고 줄여서
말할 수도 있답니다.

※ would도 could랑 마찬가지로 문맥에 따라 다양한 뜻을 많이 가지고 있어요^^ 오늘 배
운 "(아마)~할 거야"로만 해석 되는 게 아니란 거 알아두세요. 어떻게 다양하게 쓰이는
지는 저 줄라이와 함께 차차 배울 테니 너무 앞서 나가지 말고 천천히 같이 공부해요^^

- 나는 (아마) 뛸 거야.

  I would run. = I'd run.

  (아이 우드 런) = (아이 드 런)

- 나는 (아마) 생각할 거야.

  I would think. = I'd think.

  (아이 우드 띵크) = (아이 드 띵크)

- 나는 (아마) 마실 거야.

  I would drink. = I'd drink.

  (아이 우드 드링크) = (아이 드 드링크)

- 나는 (아마) 잘 거야.

  I would sleep. = I'd sleep.

  (아이 웃드 슬립) = (아이 드 슬립)

1-44. 직접 써볼까요?

- 나는 (아마) 다음 주에 거기 갈 거야.

- 거기 = there(데얼)

- 다음주 = next week(넥스트 윅)

· 나는 (아마) ~할 거야.

➡ _____

· 가다

➡ _____

· 거기

➡ _____

· 거기 가다.

➡ _____

· 나는 아마 다음 주에 거기 갈 거야.

➡ _____

["나는 그 남자 안 만날 거야"를 말해보도록 할게요.]

우리 '나는 ~할 거야'는 어떻게 말했었죠?

· 나는 ~할 거야 = I will(아 윌)이었죠?

그럼, '나는 ~안 할 거야'는요?

· ~안 할 거야 = I will not(아이 윌 낫) 줄여서 I won't(아이 웡트)라고 배웠었죠?^^

그런데 우리 앞 강의에서 본 would(웃드) 뒤에도 not(낫)을 붙이면 '(앞으로) ~안 할 거야'라는 말이 됩니다.

· I would not(아이 웃드 낫) = (앞으로) ~안 할 거야

would not(우드 낫)은 줄여서 쓰면 wouldn't(우든트)라고 쓸 수 있어요^^

would not(우드 낫) = wouldn't(우든트)

· 나는 ~(앞으로) 안 할 거야 = I would not(아이 우드 낫)/ I wouldn't(아이 우든트)

· 만나다 = meet(밋)

· 나는 안 만날 거야 = I wouldn't meet(아이 우든 밋)

· 그 남자 = the man(더 맨)

· 나는 그 남자 안 만날 거야

  I wouldn't meet the man.

  (아이 우든트 밋 더맨) 이렇게 쓰면 되겠네요^^ 너무 쉽죠?

Q. 어! 줄라이 끝내지 말고!!

   그럼,

   I won't meet.(아이 웡트 밋) = 나는 안 만날 거야

I wouldn't meet(아이 우든ㅌ 밋) = 나는 (앞으로) 안 만날 거야

똑같은 거 아닌가요?

A. 네!! 의미는 똑같이 쓰이지만 won't(웡ㅌ)는 '확실히 안 할 거야!!' 하는 확고한 의지고요, wouldn't(우든ㅌ)는 '~(앞으로) 안 할 거야'라고 말했지만 할 수도 있고, 안 할 수도 있는 불확실한 의지예요^^

오늘 배운 I wouldn't meet the man.(아이 우든ㅌ 밋 더맨)은 "난 그 남자 안 만날 거야"라고 했지만 말만 저렇게 하고 10분 있다 바로 다시 만날지도...^^ 어떤 느낌인지 아시겠죠?

won't = ~안 할 거야.(확실한 의지)
wouldn't = (앞으로) ~안 할 거야.(불확실한 의지)

1-45. 직접 써볼까요?

■ 나는 그 여자 안 만날 거야.

• 그 여자 = the girl(더 걸)

· 나는 (앞으로) ~ 안 할 거야.
➡ _____

· 만나다.
➡ _____

· 나는 (앞으로) 안 만날 거야.
➡ _____

· 나는 (앞으로) 그 여자 안 만날 거야.
➡ _____

46강   만약 ~한다면
If

["만약 네가 스타벅스에 가서 커피 마시기를 원한다면,
너는 나한테 전화해도 돼"를 말해보도록 할게요~]

Q. 헉! 줄라이 얼마나 배웠다고 이렇게 긴 문장을 어떻게 말해요 ㅠ.ㅠ

A. 아니에요! 여러분들은 벌써 이렇게 긴 문장도 말할 수 있답니다. 진짜 그런지 한번 확인해볼까요?^^

우선, 오늘 한 개만 배우고 시작할게요!

'만약 ~한다면'이라는 말은 영어로 어떻게 말할까요?

· 만약 ~한다면 = If(이프)입니다.

끝! 오늘 공부 다 했네요^^

자, 그럼 그동안 배운 것들 하나하나 기억을 되살리며 말해볼게요^^

· 원하다 = want(원트)

· 너는 원하다 = You want(유 원트)

그럼, '만약 너가 원한다면'은 영어로 어떻게 쓸까요?

방금 전에 배운 If(이프)를 맨 앞에 써주면 돼요^^

· 만약 너가 원한다면 = If you want(이퓨 원트)

· 스타벅스에 가다 = go to Starbucks(고 투 스타벅스)

· 그리고 = and(앤드)

· 마시다 = drink(드링크)

· 커피를 마시다 = drink coffee(드링크 커피)

· 스타벅스에 가서 커피를 마시다

go to Starbucks and drink coffee

(고 투 스타벅스 앤 드링ㅋ 커피)

· ~하기를 = to(투)

· 스타벅스에 가서 커피 마시기를

to go to Starbucks and drink coffee

(투 고 투 스타벅스 앤 드링ㅋ 커피)

· 만약 너가 스타벅스에 가서 커피 마시기를 원한다면,

If you want to go to Starbucks and drink coffee,

(이퓨 원ㅌ 투 고 투 스타벅스 앤 드링ㅋ 커피,)

우와~ 정말 놀랍지 않아요?

우리가 벌써 이렇게 길게 말할 수 있다는 게!

자, 이제 마무리를 지을까요?

· 해도 돼/할 수 있다 = can(캔)

· 너는 해도 돼 = you can(유 캔)

· 나에게 전화해 = call me(콜미)

· 나에게 전화해도 돼 = you can call me(유 캔 콜미)

· 만약 너가 스타벅스에 가서 커피 마시기를 원한다면, 너는 나한테 전화해도 돼

If you want to go to Starbucks and drink coffee, you can call me.

(이퓨 원 투 고 투 스타벅스 앤 드링ㅋ 커피, 유 캔 콜미)

우리는 오늘 If(이프) '만약~한다면' 하나 배웠을 뿐인데

나머지 문장들은 45강에 걸쳐 다~ 배웠던 문장들이죠?^^

어때요? 영어 정말 별거 아니죠?

노력은 절대 우리를 배신하지 않아요!!^^

지금처럼 꾸준히 영어 공부를 하신다면 분명 좋은 결과를 얻을 거예요!!

■ 만약 너가 CGV에 가서 영화보기를 원한다면, 너는 나한테 전화해도 돼.

• 영화를 보다. = see a movie(씨 어 무비)

· 만약 ~한다면
▶ _____

· 너는 원하다.
▶ _____

· 만약 너가 원한다면
▶ _____

· CGV에 가다.
▶ _____

· 영화를 보다.
▶ _____

· 영화 보기를
▶ _____

· 만약 너가 CGV에 가서 영화보기를
　원한다면
▶ _____
_____

· 너는 해도 돼
▶ _____

· 나에게 전화해.
▶ _____

· 너는 나한테 전화해도 돼.
▶ _____

· 만약 너가 CGV에 가서 영화보기를
　원한다면, 너는 나한테 전화해도 돼.
▶ _____
_____

["나는 지금 당장 집에 가야해"를 한번 말해보도록 할게요.]

'~해야 돼'라는 말만 알면 금방 할 수 있는 말이에요.

· ~해야 돼 = must(머스트)라고 합니다.

그럼, '나는 ~해야 돼'는 어떻게 말하면 되죠?

· 나는 해야 돼 = I must(아이 머스트)

· 나는 가야 돼 = I must go(아이 머스트 고)

· 나는 집에 가야돼 = I must go home.(아이 머스트 고 홈)

굉장히 간단하죠?^^

Q. 줄라이! 그런데 go home(고 홈)이 아니라 to(투)가 방향을 나타내는 말이었으니 go to home(고 투 홈)이라 적어야 하지 않나요?

A. 좋은 질문이에요!! 이런 질문을 한다는 건 우리가 이제 좀 배웠기 때문에 영어가 좀 보인다는 말이겠죠?

home(홈)은 home이라는 단어 자체가 '집으로'라는 뜻을 가지고 있어요~ 그래서 go to home(고 투 홈)이라고 하면 '집으로 으로 가다' 하고 의미가 중복이 되겠죠? 그렇기에 '집에 가다'라고 말할 때는 to(투)를 쓰지 않고 go home(고 홈)이라 쓴다고 이해하는 게 좋아요!^^

· 지금 당장 = right now(롸잇 나우)

· 나는 지금 당장 집으로 가야해

  I must go home right now.

  (아이 머스트 고 홈 롸잇 나우)

115

- 나는 **가**야 돼.

  I must **go.**

  (아이 머스트 **고**)

- 나는 **끝내**야 돼.

  I must **finish.**

  (아이 머스트 **피니쉬**)

- 나는 **자**야 돼.

  I must **sleep.**

  (아이 머스트 **슬립**)

- 나는 **일해**야 돼.

  I must **work.**

  (아이 머스트 **월크**)

1-47. 직접 써볼까요?

- 너는 집으로 돌아와야 돼.
- 돌아오다 = come back(컴백)

· 너는 ~해야 돼.

➡ _____

· 너는 돌아와야 돼.

➡ _____

· 집으로

➡ home _____

· 너는 집으로 돌아와야 돼.

➡ _____

["너는 침대 위에서 뛰면 안 돼"를 한번 말해볼게요]

문장을 보면 아… 어떻게 말하지? 하고 입이 바로 떨어지지 않겠지만,
막상 같이 해보면 정말 쉽답니다.^^

'너는 ~해야 돼' 어떻게 말했죠?
· 너는 ~해야 돼 = You must(유 머스트)
그럼, '너는 ~하면 안 돼'는 어떻게 말할까요?
must(머스트) 뒤에 not(낫)만 붙여 주면 된답니다^^
· 너는 ~하면 안 돼 = You must not(유 머스트 낫)

· (두 발로 바닥을 치며) 뛰다 = jump(점프)
· 침대 = bed(베드)
· 위에 = on(온)
· (그) 침대 위에 = on the bed(온 더 베드)

이제, 연결해서 말해볼까요?

· 너는 침대위에서 뛰면 안 돼
  You must not jump on the bed.
  (유 머스트 낫 점프 온 더 베드) 이것도 굉장히 쉽죠?^^

- 너는 오면 안 돼.

  You must not come.

  (유 머스트 낫 컴)

- 너는 여기 오면 안 돼.

  You must not come here.

  (유 머스트 낫 컴 히얼)

- 너는 여기 서 있으면 안 돼.

  You must not stand here.

  (유 머스트 낫 스탠드 히얼)

- 너는 여기 앉아 있으면 안 돼.

  You must not sit here.

  (유 머스트 낫 씯 히얼)

1-48. 직접 써볼까요?

- 너는 이 책을 읽으면 안 돼.
· 이 책 = this book(디스 북)

· 너는 ~하면 안 돼.

◯ _____

· 읽다.

◯ _____

· 너는 읽으면 안 돼.

◯ _____

· 너는 이 책을 읽으면 안 돼.

◯ _____

1. 나에게 오늘 전화해 주시겠어요? =

2. 나에게 나중에 전화해 주시겠어요? =

3. 나는 (아마) 너에 대해서 생각할 거야. =

4. 나는 (아마) 다음주에 거기 갈 거야. =

5. 나는 그 남자 안 만날 거야. =

6. 나는 그 여자 안 만날 거야. =

7. 만약 너가 스타벅스에 가서 커피 마시기를 원한다면, 너는 나한테 전화
   해도 돼.

   =

8. 만약 너가 CGV에 가서 영화보기를 원한다면, 너는 나한테 전화해도 돼.

   =

9. 나는 지금 당장 집에 가야돼. =

10. 너는 집으로 돌아와야 돼. =

11. 너는 침대 위에서 뛰면 안 돼. =

12. 너는 이 책을 읽으면 안 돼. =

1. 나에게 오늘 전화해 주시겠어요? = Could you call me today?

2. 나에게 나중에 전화해 주시겠어요? = Could you call me later?

3. 나는 (아마) 너에 대해서 생각할 거야. = I would think about you.

4. 나는 (아마) 다음주에 거기 갈 거야. = I would go there next week.

5. 나는 그 남자 안 만날 거야. = I wouldn't meet the man.

6. 나는 그 여자 안 만날 거야. = I wouldn't meet the girl.

7. 만약 너가 스타벅스에 가서 커피 마시기를 원한다면, 너는 나한테 전화 해도 돼.

   = If you want to go to Starbucks and drink coffee, you can call me.

8. 만약 너가 CGV에 가서 영화보기를 원한다면, 너는 나한테 전화해도 돼.

   = If you want to go to CGV and see a movie, you can call me.

9. 나는 지금 당장 집에 가야 돼. = I must go home right now.

10. 너는 집으로 돌아와야 돼. = You must come back home.

11. 너는 침대 위에서 뛰면 안 돼. = You must not jump on the bed.

12. 너는 이 책을 읽으면 안 돼. = You must not read this book.

["나는 똑똑하다"를 한번 말해보도록 할게요.]

'똑똑한'은 영어로 뭘까요?

· 똑똑한 = smart(스마트)

그럼 '똑똑하다'는 영어로 어떻게 쓸까요?

smart(스마트)라는 단어 앞에 be(비)를 써주면 됩니다.

· 똑똑하다 = be smart(비 스마트)

be(비) = ~이다

그럼, '나는 똑똑하다' 어떻게 쓰면 되죠?

· 나는 똑똑하다 = I be smart(아이 비 스마트)

그런데 I be smart(아이 비 스마트)라는 말은 뭔가 어색하고 이상하죠?

영어에서 I be smart(아이 비 스마트)라는 말은 없답니다.

여러분들에게 좀 더 쉽게 설명해드리기 위해 이렇게 풀어 쓴 거예요^^

Q. 그럼… I be smart(아이 비 스마트) 없는 말인데 어떻게 하죠?

A. 잘~ 보세요. be(비)는 주어가 어떤 것이 오느냐에 따라서 모양이 변해요^^

be smart

주어가 무엇이 오느냐에 따라 be모양이 바뀌어요^^

주어가 I(아이)가 오면 be(비)는 am(엠)으로 바뀌어요.

그래서 I be smart(아이 비 스마트)가 아니라 I am smart(아이 엠 스마트)로 말해줘야 한답니다.

몇 가지 더 연습해 볼까요?

· 더운 = hot(핫)

· 덥다 = be hot(비 핫)

· 나는 덥다 = I am hot.(아이 엠 핫)

· 추운 = cold(콜드)

· 춥다 = be cold(비 콜드)

· 나는 춥다 = I am cold.(아이 엠 콜드)

· 바쁜 = busy(비지)

· 바쁘다 = be busy(비 비지)

· 나는 바쁘다 = I am busy.(아이 엠 비지)

· 아름다운 = beautiful(뷰리풀)

· 아름답다 = be beautiful(비 뷰리풀)

· 나는 아름답다 = I am beautiful.(아이 엠 뷰리풀)

주어	be원형	주어에 따라 변함
I		am
you/they/we	be	are
he/she/this		is

- 똑똑하다.
  be smart.
  (비 스마트)

- 나는 똑똑하다.
  I am smart.
  (아이 엠 스마트)

- 너는 똑똑하다.
  You are smart.
  (유 아 스마트)

- 그는 똑똑하다.
  He is smart.
  (히 이즈 스마트)

1-49. 직접 써볼까요?

- 나는 배고파.
  너는 배고파.
  그는 배고파.

· 배고픈 = hungry(헝그리)

· 배고프다.

· 나는 배고파.

· 너는 배고파.

· 그는 배고파.

50강

이것은 예쁘지 않아.
This is not pretty.

["이것은 예쁘지 않아"를 말해보도록 할게요.]

'예쁜'은 영어로 뭘까요?

· 예쁜 = pretty(프리티)

그럼, '예쁘다'는 영어로 어떻게 말하죠?
be(비)를 단어 처음에 넣어서,

· 예쁘다 = be pretty(비 프리티)라고 하면 되죠^^
· 이것 = This(디스) 정리해서 말하면,
· 이것은 예쁘다 = This be pretty(디스 비 프리티)

그런데 This be pretty(디스 비 프리티)라는 말은 없으니
be(비)를 어떻게 바꿔줘야 할까요?

인칭	be동사 변형
I(아이) = 1인칭단수	am(엠)
you(유) = 2인칭단수	are(아)
This(디스) = 3인칭단수 This는 나도 아니고 너도 아니니까 3인칭인데 '이것'이라는 하나이니까 3인칭단수	is(이즈)

· 이것은 예쁘다 = This is pretty.(디스 이즈 프리티)라고 하면 정확하게 말해줄 수 있겠네요^^

그런데 오늘 우리는 "이것은 예쁘지 않아"라고 말하기로 했죠?
"예쁘지 않아"는 어떻게 말하면 될까요?

be(비) 뒤에 not(낫)만 붙여 주면 된답니다. 간단하죠?^^

· 예쁜 = pretty(프리티)
· 예쁘다 = be pretty(비 프리티)
· 예쁘지 않아 = be not pretty(비 낫 프리티)
· 이것은 예쁘지 않아 = This be not pretty(디스 비 낫 프리티)

여기에서 be(비)는 주어가 3인칭단수니까 is(이즈)로 변해서
· 이것은 예쁘지 않아 = This is not pretty.(디스 이즈 낫 프리티)

tip) 1. 주어가 3인칭단수일 때 be(비)는 is(이즈)로 변한다.
　　　2. be(비)동사의 부정은 be동사 뒤에 not(낫)을 붙여준다.

- 빨간색 = red(레드)

  빨간색이다 = be red(비 레드)

  빨간색이 아니야 = be not red(비 낫 레드)

  이것은 빨간색이 아니야 = This is not red.(디스 이즈 낫 레드)

- 아름다운 = beautiful(뷰리풀)

  아름답다 = be beautiful(비 뷰리풀)

  아름답지 않아 = be not beautiful(비 낫 뷰리풀)

  이것은 아름답지 않아 = This is not beautiful.(디스 이즈 낫 뷰리풀)

- 쉬운 = easy(이지)

  쉽다 = be easy(비 이지)

  쉽지 않아 = be not easy(비 낫 이지)

  이것은 쉽지 않아 = This is not easy.(디스 이즈 낫 이지)

- 비싼 = expensive(익스펜시브)

  비싸다 = be expensive(익스펜시브)

  비싸지 않아 = be not expensive(비 낫 익스펜시브)

  이것은 비싸지 않아 = This is not expensive.(디스 이즈 낫 익스펜시브)

■ 영어는 어렵지 않아.

• 어려운 = hard(할드)

· 어려운

→ _____

· 어렵다.

→ _____

· 어렵지 않다.

→ _____

· 영어

→ _____

· 영어는 어렵지 않다.

→ _____

["너는 바쁘니?"를 한번 말해보도록 할게요.]

자, 그럼 50강에서 배웠던 기억을 머릿속에서 꺼내 볼까요?

· 바쁜 = busy(비지)

· 바쁘다 = be busy(비 비지)

'나는 바쁘다'는 I be busy(아이 비 비지)인데,

이때 be(비)는 무엇으로 바뀐다 했죠?

주어가 1인칭단수이니까 be(비)는 am(엠)으로 바뀐다 했죠?^^

· 나는 바쁘다 = I am busy.(아이 엠 비지)

그럼, '너는 바쁘다'는 어떻게 쓸까요?

'너는 바쁘다'는 You be busy(유 비 비지)인데

주어가 2인칭단수이니까 be(비)는 어떻게 바뀌죠?

그렇죠! are(아)로 바뀌죠?

· 너는 바쁘다 = You are busy.(유 아 비지)

자, 그럼 '너는 바쁘다'는 말할 수 있는데,

'너는 바쁘니?'라고는 어떻게 말하면 될까요?

아주 간단해요!^^

동사와 주어의 위치만 바꿔주고 물음표만 붙여주면 끝!!

You are busy(유 아 비지)를 Are you busy?(아 유 비지?) 굉장히 간단하죠? 의문문이니까 문장의 뒤에 꼭 물음표를 붙여줘야 돼요.

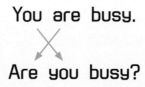

You are busy.

Are you busy?

- 아름다운 = beautiful(뷰리풀)

  아름답다 = be beautiful(비 뷰리풀)

  그녀는 아름답다 = She is beautiful(쉬 이즈 뷰리풀)

  그녀는 아름답니? = Is she beautiful?(이즈 쉬 뷰리풀?)

- 배고픈 = hungry(헝그리)

  배고프다 = be hungry(비 헝그리)

  너는 배고프다 = You are hungry(유 아 헝그리)

  너는 배고프니? = Are you hungry?(아 유 헝그리?)

1-51. 직접 써볼까요?

- 너는 준비 됐니?
- 준비된 = ready(레디)

· 준비 된

➡ _____

· 준비 되다.

➡ _____

· 너는 준비 되다.

➡ _____

· 너는 준비 됐니?

➡ _____

[질문하기]

· 아름다운 = beautiful(뷰리풀)

· 아름답다 = be beautiful(비 뷰리풀)

'그녀는 아름답다' She be beautiful(쉬 비 뷰리풀)인데

be(비)는 She(쉬)라는 '3인칭단수'인 주어를 만나 is(이즈)로 변하죠?

· 그녀는 아름답다 = She is beautiful.(쉬 이즈 뷰리풀)

'그녀는 아름답니?' 하고 질문할 때는 어떻게 말하죠?

주어와 동사의 위치만 바꿔

· 그녀는 아름답니? = Is she beautiful?(이즈 쉬 뷰리풀?)

이렇게 질문할 수 있겠죠^^

[대답하기]

그럼, 이제 질문을 받았으니 대답을 해줘야겠죠?^^

– 긍정의 대답: Yes(예스)

– 부정의 대답: No(노)

'응! 아름다워~'라고 긍정적으로 대답하고 싶으면, Yes(예스)가 먼저 나오고 그 뒤에 '그녀는 아름다워' = She is beautiful(쉬 이즈 뷰리풀) 이라고 써주면 되겠죠?

정리하면, Yes, she is beautiful.(예스, 쉬 이즈 뷰리풀)

그런데 이 문장 마지막에서 beautiful(뷰리풀)은 말하지 않아도 상관없어요!

Yes, she is.(예스, 쉬 이즈)만 해줘도 충분히 내용전달이 된답니다^^

· 응, 그녀는 아름다워 = Yes, she is.(예스, 쉬 이즈)

'아니, 아름답지 않아'라고 대답하고 싶을 땐, 부정의 대답인 No(노)가 먼저 나온 뒤, '그녀는 아름답지 않아' = She is not beautiful.(쉬 이즈 낫 뷰리풀) 써주면 되겠죠?

정리하면, No, she is not beautiful.(노, 쉬 이즈 낫 뷰리풀) 이렇게 말해주면 되는데, 아까와 마찬가지로 문장 뒤에 beautiful(뷰리풀)은 말하지 않아도 돼요^^

그런데 부정은 한 가지 더! is not(이즈 낫)은 isn't(이즌트)로 줄여 쓸 수 있어요. 그래서 정리해서 말하면,

· 아니, 그녀는 아름답지 않아 = No, she isn't.(노, 쉬 이즌트) 이렇게 말할 수 있겠네요^^
  참 쉽죠?

1-52. 직접 써볼까요?

■ 그는 잘생겼니?
  응! 그는 잘생겼어.
  아니, 그는 잘생기지 않았어.

· 잘생긴 = handsome(핸썸)

· 잘생긴
🡒 _____

· 잘생기다.
🡒 _____

· 그는 잘생기다.
🡒 _____

· 그는 잘생겼니?
🡒 _____

· 응, 잘생겼어.
🡒 _____

· 아니, 잘생기지 않았어.
🡒 _____

["나는 학생입니다"를 한번 말해보도록 할게요.]

'학생'은 영어로 뭘까요?

· 학생 = student(스튜던트)

그럼, '학생이다'는?

be student(비 스튜던트)라고 쓰면 되겠죠! 그런데 여기서 잠깐! student(스튜던트)는 '학생'이라는 하나의 셀 수 있는 명사죠?

우리 하나의 셀 수 있는 명사 앞에는 무엇을 붙인다 했었죠?

a(어)를 붙여준다 했었죠?

그렇기 때문에 student(스튜던트) 앞에는 a(어)를 붙여

· 학생이다 = be a student(비 어 스튜던트)라고 해주어야 돼요^^

'나는 학생입니다'라고 말하려 할 때, be(비)가 I(아이)를 만나 am(엠)으로 변하죠?

· 나는 학생입니다 = I am a student.(아이 엠 어 스튜던트)

여기서 한 가지 더!

I am(아이 엠)은 I'm(아임)이라고 줄여 쓸 수도 있어요^^

· 나는 학생입니다 = I'm a student.(아임 어 스튜던트)

I am(아이 엠)	I'm(아임)
You are(유 아)	You're(유얼)
He is(히 이즈)	He's(히스)
She is(쉬 이즈)	She's(쉬스)

당신의 직업은 무엇입니까?" 는 어떻게 물어 볼까요?

· do(두) = 하다

· you go(유 고) = 너는 가다

· you make(유 메일) = 너는 만들다

· you do(유 두) = 너는 하다

행동하는 동사를 질문형으로 만들려면 Do(두)를 맨 앞으로 써주면 된다 했었죠?

· Do you go?(두 유 고?) = 너는 가니?

· Do you make?(두 유 메일?) = 너는 만드니?

· Do you do?(두 유 두?) = 너는 하니?(15강)

· What(왓) = 무엇(28강)

· What do you do?(왓 두유 두?) = 무엇을 하세요?

이 말은 '무슨 일을 하세요?' '직업이 뭐예요?'라는 의미로 쓰입니다^^

예문

■ 나는 선생님입니다.

I'm a teacher.

(아임 어 티처)

■ 나는 의사입니다.

I'm a doctor.

(아임 어 닥터)

■ 나는 디자이너입니다.

I'm a designer.

(아임 어 디자이너)

■ 나는 개발자입니다.

I'm a developer.

(아임 어 디벨로퍼)

■ 나는 주부입니다.

• 주부 = housewife(하우스와이프)

· (한 명의) 주부

◯▶ _____

· 주부입니다.

◯▶ _____

· 나는 주부입니다.

◯▶ _____

["그거 너무 쉽네~"를 한번 말해보도록 할게요.]

'그건/그것/이것'이라는 뜻을 가진 영어는 뭘까요?

· 그건/그것/이것 = It(잇)

· 쉬운 = easy(이지)

· 쉽다 = be easy(비 이지)

'그거 쉽다'는 It be easy(잇 비 이지)

그런데 It(잇)은 나도 아니고 너도 아닌 3인칭단수이죠?

3인칭단수일 때 be(비)는 is(이즈)로 변한다 했죠!

· 그거 쉽다 = It is easy.(잇 이즈 이지)

그런데 It is(잇 이즈)는 It's(잇츠)로 줄여 말할 수 있어요^^

· 그거 쉽다 = It's easy.(잇츠 이지)

우리 '그거 너무 쉽네'라고 말하기로 했죠?

여기서 '너무'는 어떻게 말할까요?

· 너무 = so(쏘) 연결해서 말하면,

· 그거 너무 쉽네 = It's so easy.(잇 쏘 이지)

이렇게 말하면 되겠네요^^

이 말은 꼭 '그거 너무 쉽네' 이렇게 해석 안 해도 되고

가볍게 '너무 쉽다~'처럼 말하고 싶을 때 쓰면 된답니다^^

■ 그건 너무 비싸다.

비싼 = expensive(익스팬시브)

비싸다 = be expensive(비 익스팬시브)

그건 비싸다 = It's expensive.(잇스 익스팬시브)

그건 너무 비싸다 = It's so expensive.(잇 쏘 익스팬시브)

예문

■ 그거 너무 싸다.

It's so cheap.

(잇 쏘 칩)

■ 그거 너무 좋다.

It's so good.

(잇 쏘 굿)

■ 그거 너무 예쁘다.

It's so pretty.

(잇 쏘 프리티)

1-54. 직접 써볼까요?

■ 그거 너무 멋져!

• 멋진 = amazing(어메이징)

· 멋진

➡ _____

· 그거 멋지다.

➡ _____

· 멋지다.

➡ _____

· 그거 너무 멋지다.

➡ _____

1. 나는 똑똑하다. =

2. 나는 배고파. =

   너는 배고파. =

   그는 배고파. =

3. 이것은 예쁘지 않아. =

4. 영어는 어렵지 않아. =

5. 너는 바쁘니? =

6. 너는 준비 됐니? =

7. 그녀는 아름답니? =

8. 그는 잘생겼니? =

   응! 잘생겼어. =

   아니, 잘생기지 않았어. =

9. 나는 학생입니다. =

10. 나는 주부입니다. =

11. 그거 너무 쉽네~ =

12. 그거 너무 멋져! =

1. 나는 똑똑하다. = I am smart.

2. 나는 배고파. = I am hungry.

   너는 배고파. = You are hungry.

   그는 배고파. = He is hungry.

3. 이것은 예쁘지 않아. = This is not pretty.

4. 영어는 어렵지 않아. = English is not hard.

5. 너는 바쁘니? = Are you busy?

6. 너는 준비 됐니? = Are you ready?

7. 그녀는 아름답니? = Is she beautiful?

8. 그는 잘생겼니? = Is he handsome?

   응! 잘생겼어. = Yes! he is.

   아니, 잘생기지 않았어. = No, he isn't.

9. 나는 학생입니다. = I am a student.

10. 나는 주부입니다. = I am a housewife.

11. 그거 너무 쉽네~ = It's so easy.

12. 그거 너무 멋져! = It's so amazing.

["나는 행복했었어" 하고 지난 일을 말해보도록 할게요~]

'행복'은 영어로 어떻게 말하나요?

· 행복한 = happy(해피)
· 행복하다 = be happy(비 해피)
· 나는 행복하다 = I am happy.(아이 엠 해피)

* be(비)가 I(아이)를 만나면 I(아이)는 1인칭단수이니까 am(엠)으로 변하죠. 이제 이 정도
  는 너무 쉽죠?^^ 그리고, I am happy.(아이 엠 해피)는 줄여서 I'm happy.(아임 해피)라
  고 쓸 수 있다. 여기까지는 우리가 전에 다 배웠던 것들이죠?

그럼, "나는 행복했었어" 하고 지난 일을 말할 땐 어떻게 하면 될까요?

am(엠)이라는 동사를 과거로 써주기만 하면 돼요!^^
am(엠)의 과거는 was(워즈)입니다.

· 나는 행복해 = I am happy.(아이 엠 해피)
· 나는 행복했었어 = I was happy.(아이 워즈 해피)

너무 쉽죠^^
영어 정말 이렇게 쉬워도 되는 건가요? 하는 순간이죠?^^

139

- 나는 학생이다.

  I am a student.

  (아이 엠 어 스튜던트)

- 나는 아프다.

  I am sick.

  (아이 엠 씩)

- 나는 학생이었다.

  I was a student.

  (아이 워즈 어 스튜던트)

- 나는 아팠었다.

  I was sick.

  (아이 워즈 씩)

1-55. 직접 써볼까요?

- 나는 겁먹었었다.
- 겁먹은 = scared(스퀘얼드)

· 겁먹다.

➡ _____

· 나는 겁먹었었다.

➡ _____

· 나는 겁먹었다.

➡ _____

너는 너무 아름다웠어.
You were so beautiful.

["너는 너무 아름다웠어"를 말해보도록 할게요.]

'너는 너무 아름답다' 먼저 말해볼까요?

· 아름다운 = beautiful(뷰리풀)

· 아름답다 = be beautiful(비 뷰리풀)

'너는 아름답다' You be beautiful(유 비 뷰리풀)

이 때 be(비)는 You(유)를 만나 are(아)로 변하죠?^^

· 너는 아름답다 = You are beautiful.(유 아 뷰리풀)

· 너무/정말 = so(쏘)

· 너는 너무 아름답다 = You are so beautiful.(유 아 쏘 뷰리풀)

여기까지는 많이 해봐서 이제 너무 쉽죠?

그럼 오늘 배울 '너는 너무~ 아름다웠어!'처럼

지난 일을 말할 땐 어떻게 해야 할까요? 이 역시 너무 간단해요!

are(아)라는 동사를 과거로 말해주기만 하면 돼요^^

are(아)의 과거는 were(워얼)입니다.

· 너는 너무 아름답다 = You are so beautiful.(유 아 쏘 뷰리풀)

· 너는 너무 아름다웠어 = You were so beautiful.(유 워얼 쏘 뷰리풀)

오늘도 너무 쉽죠?^^

- 너는 정직하다.
  You **are** honest.
  (유 **아** 어네스트)

- 너는 정직했었어.
  You **were** honest.
  (유 **워얼** 어네스트)

- 너는 정직하지 않아.
  You are not honest.
  (유 아 낫 어네스트)

- 너는 정직하지 않았어.
  You were not honest.
  (유 워얼 낫 어네스트)

- 너는 외롭다.
  You **are** lonely.
  (유 **아** 론리)

- 너는 외로웠었다.
  You **were** lonely.
  (유 **워얼** 론리)

- 너는 외롭지 않아.
  You are not lonely.
  (유 아 낫 론리)

- 너는 외롭지 않았어.
  You were not lonely.
  (유 워얼 낫 론리)

1-56. 직접 써볼까요?

- 너는 운이 좋았었어.
- 운이 좋은 = lucky(러키)

· 운이 좋다.
➡ _____

· 너는 운이 좋다.
➡ _____

· 너는 운이 좋았었어.
➡ _____

["너는 너무 무례했어"를 말해보도록 할게요.]

왠지 말할 수 있을 거 같긴 한데,
'무례한'이 영어로 뭔지 잘 모르겠죠?

· 무례한 = rude(루드)
· 무례하다 = be rude(비 루드)

'그는 무례하다' He be rude(히 비 루드)인데,
이때 be(비)는 나도 아니고 너도 아닌
3인칭단수 He(히)를 만나 is(이즈)로 변하죠?^^

  · 그는 무례하다 = He is rude.(히 이즈 루드)
이렇게 말하면 되겠네요~

그런데, 무례해도 너~무 무례했대요.
'너무'는 영어로 뭐라 할까요?
  · 너무 = very(베리)

우리 very good!(베리 굿) 많이 사용하죠?
이때 very(베리) '너무 좋아' 하는 very(베리)랑 같은 것이랍니다^^

Q. 줄라이! 그럼 so(쏘)랑 very(베리)랑 too(투)랑 같은 뜻이잖아요~ '아주/매우/너무' 다
   이런 말인데 so 대신 very를 very 대신 so를 so, very 대신 too를 써도 되나요?

A. 좋은 질문이에요~ 이에 대한 답변은 58강에서 자세하게 알려 드릴게요^^

very(베리)는 rude(루드) '무례한' 앞에 넣어주면 돼요~

· 그는 너무 무례해! = He is very rude.(히 이즈 베리 루드)

이렇게 말할 수 있겠네요^^ 너무 쉽죠?

그런데 우리가 오늘 말하려고 하는 건

"그는 너무 무례했어" 하고 지난 일을 말하려 하는 거죠?

어떻게 하면 될까요?

is(이즈)라는 동사를 과거로 써주기만 하면 돼요!^^

is(이즈)의 과거는 was(워즈)입니다.

· 그는 너무 무례하다 = He is very rude.(히 이즈 베리 루드)

· 그는 너무 무례했다 = He was very rude.(히 워즈 베리 루드)

오늘도 너무 간단하죠?^^

예문

■ 그녀는 너무 가난하다.
  She is very poor.
  (쉬 이즈 베리 풀)

■ 그녀는 너무 가난했다.
  She was very poor.
  (쉬 워즈 풀)

■ 그건 너무 위험해.
  It is very dangerous.
  (잇 이즈 베리 덴져러스)

■ 그건 너무 위험했다.
  It was very dangerous.
  (잇 워즈 베리 덴져러스)

■ 그녀는 너무 친절했어.

• 친절한 = kind(카인드)

· 친절한

⮞ _____

· 친절하다.

⮞ _____

· 그녀는 친절하다.

⮞ _____

· 그녀는 너무 친절하다.

⮞ _____

· 그녀는 너무 친절했어.

⮞ _____

58강 very / so / too의 쓰임새

["very, so, too"는 어떤 때 어떻게 쓰이는지 자세히 알아보도록 할게요.]

우리말에도 뉘앙스라는 것이 있죠?
같은 말인데도 누가하면 친절하고 누가하면 굉장히 비꼬는 것 같은!
그런 느낌 있잖아요~ 영어도 이렇게 뉘앙스라는 게 있어요.

very(베리) so(쏘) too(투) 이 아이들이 뜻은 비슷해 보이지만 상황과 뉘앙스에 따라 의미
전달이 조금씩 다르답니다^^
예문을 통해서 살펴 보도록 할게요^^

줄라이가 소개팅에 나갔는데 상대방 남자가 너무 친절했어요.
그럼 '그는 너무 친절하다' 영어로 어떻게 쓰죠?
· He is very kind.(히 이즈 베리 카인드)
· He is so kind.(히 이즈 쏘 카인드)
· He is too kind.(히 이즈 투 카인드)

이렇게 세 가지로 쓸 수 있겠죠?
그럼 어떤 상황에서 very(베리) so(쏘) too(투)를 쓸까요?^^

소개팅남과 저녁식사를 하던 중 줄라이가 음식을 먹다가 옷에 음식을 떨어뜨렸어요. 그랬
더니 소개팅남이 얼른 가서 냅킨을 가져다줬어요~ 여기까지는
· He is very kind.(히 이즈 베리 카인드)에요~

그런데 소개팅남이 그냥 냅킨을 가져다 준 게 아니고 그냥 닦으면 잘 안 닦일 수도 있으니
냅킨에 살짝 물까지 적셔다 주었어요. 아까 전보다 좀 더 친절하죠? 이건,
· He is so kind.(히 이즈 쏘 카인드)에요^^

그런데, 이 남자가 여기까지만 하면 좋은데 자신이 직접 닦아주겠대요;; 친절하긴 한데 부담스럽고 너무 과하죠? 그럼,
· He is too kind.(히 이즈 투 카인드)에요~

어떤 느낌인지 감이 오시나요?
같은 '친절한'인데 느낌이 다 다르죠?^^

한번 더 해볼까요?
줄라이가 오늘은 옷을 사고 싶어서 백화점에 갔어요~ 마침 마음에 드는 원피스를 발견하고 가격을 봤는데 너무 비싼 거예요 ㅠ.ㅠ

'이건 너무 비싸' 영어로 어떻게 쓸까요?
· It is very expensive.(이리즈 베리 익스펜시브)
· It is so expensive.(이리즈 쏘 익스펜시브)
· It is too expensive.(이리즈 투 익스펜시브)
이렇게 세 가지로 쓸 수 있겠죠?

비싸긴 한데 조금만 돈을 보태면 살 수 있을 것 같아요~ 이럴 땐,
· It is very expensive.(이리즈 베리 익스펜시브)에요~

그런데 이 원피스가 생각보다 훨~씬 비쌌어요. 카드할부 해서 사야 할 것 같아요. 그럼 이땐,
· It is so expensive.(이리즈 쏘 익스펜시브)에요^^

그런데 문제는 이 원피스가 카드 할부로 계산 하더라도 너무 비싸서 이걸 산다면 1년 동안 굶어야 하고, 주변사람들한테도 너무 무리해서 샀다고 분명히 욕먹어요. 아주 부담스런 가격이에요~ 그럼 이땐,
· It is too expensive.(이리즈 투 익스팬시브)에요^^
같은 '비싸요'인데 이것도 느낌이 다 다르죠?
좀 더 감이 오셨나요?^^

시험을 봤는데 시험이 너무 어려웠어요 ㅠ.ㅠ

'이건 너무 어려워' 어떻게 말할까요?

· 어려운 = difficult(디삐컬트)

· 어렵다 = be difficult(비 디삐컬트)

· 이건 어렵다 = It is difficult.(이리즈 디삐컬트)

· 이건 너무 어렵다 = very? so? too? 어떤 상황일까요?^^

시험을 봤는데 시험문제가 좀 어려웠어요.

그래도 풀긴 풀었어요~ 이럴 때 쓰는

■ 이건 너무 어렵다.

⟶ _____

풀긴 풀었는데 아주 힘겹게 풀었어요. 이럴 때 쓰는

■ 이건 너무 어렵다.

⟶ _____

너무 어려워서 결국 못 풀었어요. 이럴때 쓰는

■ 이건 너무 어렵다.

⟶ _____

순서대로 한번 써보세요^^

tip) too(투)는 부정적인 의미의 '너무'로 많이 사용 돼요.

· 이건 너무 쉬워 = It is too easy.(이리즈 투 이지)

내 수준을 뭘로 보고!! 쉬워도 너무 쉽다!! 나 무시하냐?

이런 뉘앙스에요~

이제는 언제 very(베리)를 쓰고 언제 so(쏘)를 쓰고

언제 too(투)를 써야 하는지 느낌이 오시죠?

안 오면 어쩌지?ㅠㅠ 걱정 마세요~

만약 여전히 갸우뚱하다면 제가 쓴 글 10번 읽어 보세요~

10번 읽었는데도 그렇다면, 영어 공부는 앞으로도 끝나는 게 아니니

다른 예문들도 많이 접해보면서

줄라이와 함께 영어 공부를 더 열심히 해 보도록 해요^^

["우리는 행복해"를 말해보도록 할게요.]

· 행복한 = happy(해피)
· 행복하다 = be happy(비 해피)

여기까진 이제 너무 쉽죠?^^

자, 그럼 '우리'는 영어로 어떻게 말하죠? We(위)라고 말하죠! 그런데 '우리'라는 단어는 어떻게 만들어진 거죠?

'나'와 '너'가 만나서 우리가 된 거죠? 나 + 너 = 우리

그래서 We(위)는 영어에서 복수라고 하는 거예요^^

(단수는 하나! 복수는 둘 이상)

나 + 너 = 우리
우리는 두 명이니까 '복수'

'우리는 행복해' 연결해서 적어보면 We be happy(위 비 해피)죠~

그런데 여기서 be(비)는 주어가 복수인 아이를 만나면

are(아)로 변해요^^ (49강)

· 우리는 행복해 = We are happy.(위 아 해피)

하나 더 해볼까요?^^

'그들은 화났어' 한번 볼게요.

· 화난 = angry(앵그리)
· 화났다 = be angry(비 앵그리)

'그들'은 영어로 어떻게 말할까요.

· 그들 = They(데이)라고 말해요~

'그들' 또한 여러 명이 모여 있을 때 '그들'이라고 하죠~

그럼! '그들'도 복수겠네요^^

그렇다면 '그들은 화났어'라고 말하려면

'그들은 화났어' They be angry(데이 비 앵그리)인데

be(비)가 복수를 만나면 어떻게 변한댔죠?

are(아)로 변한댔죠?

그러니, 정리해서 말하면

· 그들은 화났어 = They are angry.(데이 아 앵그리)

너무 쉽죠?

※ 주어가 복수이면 be(비)는 are(아)로 변한다!! 기억해주세요^^

예문

■ 아름다운 = beautiful(뷰리풀)

　아름답다 = be beautiful(비 뷰리풀)

　우리는 아름답다. = We are beautiful.(위 아 뷰리풀)

　그들은 아름답다. = They are beautiful.(데이 아 뷰리풀)

■ 젊은 = young(영)

　젊다 = be young(비 영)

　우리는 젊다. = We are young.(위 아 영)

　그들은 젊다. = They are young.(데이 아 영)

- 우리는 목말라.
- 그들은 목말라.
- 목마른 = thirsty(떨스티)

· 목마르다.

➡ _____

· 우리는 목마르다.

➡ _____

· 그들은 목마르다.

➡ _____

["우리는 어제 피곤했어"를 말해보도록 할게요.]

'어떻게 말하지ㅠㅠ' 할 수 있겠지만

이 말은 우리가 다~ 배웠던 말이라 쉽게 말할 수 있어요.

천천히 시작해 볼게요.

· 피곤한 = tired(타이얼드)

· 피곤하다 = be tired(비 타이얼드)

'우리는 피곤하다'

'우리'는 We(위)

We(위)는 나와 너가 합쳐져서 만들어진 거니까 '복수'

주어가 '복수'일 때 be(비)는 are(아)로 변한다. 그래서,

· 우리는 피곤하다 = We are tired.(위 아 타이얼드)

이렇게 말할 수 있었죠?^^

그럼, '우리는 피곤했어' 하고 지난 일을 말할 땐 어떻게 해야 할까요?

are(아)의 과거가 뭐였죠? were(워얼)이었죠?^^

are(아) 자리에 were(워얼)로 바꿔 쓰면 되겠네요!!^^ 우와!!ㅋㅋ

are(아)의 과거 = were(워얼)

· 우리는 피곤했어 = We were tired.(위 워얼 타이얼드)

· 어제 = yesterday(예스터데이)

시간을 나타내는 말은 어디에?

대부분 문장의 뒤에 써주면 된다 했으니,

· 우리는 어제 피곤했어 = We were tired yesterday.

　　　　　　　　　　　(위 워얼 타이얼드 예스터데이)

조금 더 감정을 실어 말한다면

· 우리 어제 너~무 피곤했어

　We were so~ tired yesterday.

　(위 워얼 쏘~ 타이얼드 예스터데이)

※ be동사 표

	단수			복수		
	주어	현재	과거	주어	현재	과거
1인칭	I	am	was	We	are	were
2인칭	You	are	were			
3인칭	He/She	is	was	They	are	were

> 예문

■ 우리는 행복했었다.
　We were happy.
　(위 워얼 해피)

■ 우리는 늦었다.
　We were late.
　(위 워얼 레이트)

■ 그들은 화가 났다.
　They were angry.
　(위 워얼 앵그리)

■ 그들은 지루했다.
　They were bored.
　(데이 워얼 보올드)

■ 그들은 어젯밤 너무 행복했었어

• 행복한 = happy(해피)

· 행복하다.
➡

· 그들은 행복하다.
➡

· 그들은 행복했었다.
➡

· 그들은 너무 행복했었다.
➡

· 어젯밤
➡ last night(라스트 나잇)

· 그들은 어젯밤 너무 행복했었다.
➡

1. 나는 행복했었어. =

2. 나는 겁먹었었다. =

3. 너는 너무 아름다웠어. =

4. 너는 운이 좋았었어. =

5. 그는 너무 무례했어. =

6. 그녀는 너무 친절했어. =

7. 우리는 행복해. =

8. 우리는 목말라. =

   그들은 목말라. =

9. 우리는 어제 피곤했어. =

10. 그들은 어젯밤 너무 행복했었어. =

1. 나는 행복했었어. = I was happy.

2. 나는 겁먹었었다. = I was scared.

3. 너는 너무 아름다웠어. = You were so beautiful.

4. 너는 운이 좋았었어. = You were lucky.

5. 그는 너무 무례했어. = He was very rude.

6. 그녀는 너무 친절했어. = She was very kind.

7. 우리는 행복해. = We are happy.

8. 우리는 목말라. = We are thirsty.

   그들은 목말라. = They are thirsty.

9. 우리는 어제 피곤했어. = We were tired yesterday.

10. 그들은 어젯밤 너무 행복했었어. = They were happy last night.

61강

나는 행복해질 거야.
I will be happy.

["나는 행복해질 거야"를 말해보도록 할게요.]

· 행복한 = happy(해피)
· 행복하다 = be happy(비 해피)

여기까지는 쉽게 말할 수 있죠?

그렇다면 '~할 거야'라는 뜻을 가지고 있는 단어는 뭐였죠?
· ~할 거야 = will(윌)이었죠.
· 나는 ~할 거야 = I will(아 윌)
· 나는 행복해질 거야 = I will be happy.(아 윌비 해피)라고 말하면 되겠네요~ 너무 간단
   하죠?

Q. 줄라이! 그런데 주어가 I(아이)이니까 be(비)가 am(엠)으로 바뀌어서 I will am
   happy(아 윌 엠 해피) 아닌가요?

A. 네~ 아니에요^^ 자, 오늘은 will(윌)이 무엇인지 좀 더 자세히 알아볼게요~
   will(윌)은 '~할 거야'라는 조동사입니다.

Q. 조동사가 뭐예요?

A. 조동사란! '도와줄 조(助)'를 써서 말 그대로 동사를 도와주는 아이라 해 '조동사'라 합
   니다. 말이 너무 어렵죠? 예문을 통해서 한번 볼게요~

'만들다'가 영어로 뭐죠? make(메이크)죠^^
'나는 만들 거야'라고 할 때 will(윌)을 이용해서
· 나는 만들 거야 = I will make.(아 윌 메이크)라고 했죠?

여기서 '만들다'를 '~거야'가 도와줘서 '만들 거야'로 말할 수 있었죠?

만들다 + ~거야 = 만들 거야

그래서 will(윌)은 동사를 도와준다 해서 '조동사'라고 합니다^^
이제 조동사가 무엇인지 알았죠? 여기서 아주 중요한 거!!
조동사 뒤에는 '동사원형'이 나옵니다.

그래서 우리가 "나는 행복해질 거야"라고 말할 때
I will am happy(아 윌 엠 해피)가 아니라
am(엠)의 원래 형태 be(비)를 써서
I will be happy.(아 윌 비 해피)라고 말해주는 거예요^^

영어 공부를 하며 am/are/is를 알게 되었을 거예요. 그런데 주어가 'I'(아이)인데 be(비)가
여기에는 왜 있는 건지, 앤 또 뭐지? 하고 많이 헷갈리셨죠? 오늘 강의를 통해 똘똘똘 엉킨
실타래 중 한 가닥이 풀렸을 거라 생각합니다^^

또 우리말도 '다리'라 하면 사람의 '다리'인지, 강을 건널 수 있게 하는 '다리'인지 하나의
단어가 여러 의미로 쓰이죠? 영어도 마찬가지예요~ 앞뒤 상황과 맥락을 보아야 정확한 말
을 할 수 있죠. 이렇게 기본적이고 쉬운 것부터 천천히 배워가야 나중에 유창하게 영어로
말할 수 있답니다^^

■ 나는 예뻐질 거야.

I will be pretty.

(아 윌 비 프리티)

■ 나는 선생님이 될 거야.

I will be a teacher.

(아 윌 비 어 티처)

■ 나는 조종사가 될 거야.

I will be a pilot.

(아 윌 비 어 파일럿)

■ 나는 자유가 될 거야.

I will be free.

(아 윌 비 프리)

1-61. 직접 써볼까요?

■ 나는 친절해질 거야.

• 친절한 = kind(카인드)

· 친절한

➡ _____

· 친절하다.

➡ _____

· 친절해질 거야.

➡ _____

· 나는 친절해질 거야.

➡ _____

나는 좋은 엄마가 될 수 있다.
I can be a good mother.

["나는 좋은 엄마가 될 수 있다"를 말해보도록 할게요.]

· ~할 수 있다 = Can(캔)이죠!

Can(캔)도 will(윌)과 같은 조동사랍니다^^

tip) 조동사: 동사를 도와주는 아이! 조동사 뒤에는 동사원형이 온다.

· 엄마 = mother(마덜)
· 좋은 = good(굿)
· 좋은 엄마 = good mother(굿 마덜) 별거 없죠?
· 좋은 엄마이다 = be a good mother(비 어 굿 마덜)

여기서 good mother(굿 마덜) 앞에 왜 a(어)가 붙을까요?
한 명의 좋은 엄마이니까 a(어)를 써주는 거랍니다.

Can(캔) 역시 조동사니까 주어가 I(아이)이더라도 am(엠)의 원형인 be(비)를 그대로 써줘
야 하죠! 그래서 정리해서 써보면,

· ~할 수 있다 = Can(캔)
· 나는 좋은 엄마가 될 수 있다
  I can be a good mother.
  (아이 캔 비 어 굿 마덜)

- 나는 좋은 아빠가 될 수 있다.

  I can be a good father.

  (아 윌 비 어 굿 파덜)

- 우리는 좋은 부모님이 될 수 있다.

  We can be good parents.

  (위 캔 비어 굿 페런츠)

  * parents(페런츠) 부모님은 복수니까 a(어)가 붙지 않아요^^

1-62. 직접 써볼까요?

- 너는 좋은 친구가 될 수 있다.
- 친구 = Friend(프렌드)

· 친구

▶ _____

· 좋은 친구

▶ _____

· 좋은 친구이다.

▶ _____

· 좋은 친구가 될 수 있다.

▶ _____

· 너는 좋은 친구가 될 수 있다.

▶ _____

63강

이것은 사과입니다.
This is an apple.

["이것은 사과입니다"를 배워볼게요.]

너무 쉬워서 배우기도 전에 이미 문장을 완성한 분도 계시죠?
우리가 벌써 이만큼 발전하다니 매일매일이 참 행복합니다^^

자! 그럼 '이것'은 영어로 뭘까요?

· 이것 = This(디스)

This = 이것
That = 저것

· 사과 = apple(애플)
· (하나의) 사과이다 = be an apple(비 언 애플)
· 이것은 사과입니다 = This is an apple.(디스 이즈 언 애플)

Q. 줄라이, 이제 하나의 셀 수 있는 명사 앞에 a(어)가 붙는 건 알겠는데 an(언)은 뭐죠?

A. 우리말도 보면 ㅏ, ㅑ, ㅓ, ㅕ… 하고 모음이 있죠? 영어에도 모음이 있답니다^^
　· 영어의 모음: a, e, i, o, u (아, 에, 이, 오, 우)
　　이들의 발음소리는 ㅏ, ㅔ, ㅐ, ㅣ, ㅗ, ㅜ, ㅓ 이렇게 7가지인데, 단어의 첫소리가 이렇
　　게 모음으로 시작될 때 앞에 an(언)을 붙여줍니다.

· an ant(언 앤트) = 개미
· an egg(언 에그) = 달걀
· an old book(언 올드 북) = 오래된 책
· an hour(언 아월) = 시간

an hour(언 아월)같은 경우 hour(아월) 단어가 a, e, i, o, u 로 시작하지 않았는데 an(언)을 붙였죠? 왜 그럴까요?

아까 배웠던 대로 꼭 단어가 a, e, i, o, u로 시작해서 an(언)을 붙이는 게 아니고 발음소리가 ㅏ, ㅔ, ㅐ, ㅣ, ㅗ, ㅜ, ㅓ로 될 때 an을 붙여주는 거기 때문이죠. 따라서 hour(아월)은 단어의 첫 시작이 h이지만 첫 발음 소리는 'ㅏ'로 시작되기에 an을 붙여준 거랍니다^^

Q. Uniform(유니폼)은 a가 붙을까요? an이 붙을까요?

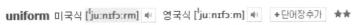

uniform 미국식 [ˈjuːnɪfɔːrm] 🔊 영국식 [ˈjuːnɪfɔːm] 🔊 ＋단어장추가 ★★
[명사] 제복, 군복, 교복, 유니폼
- a military/police/nurse's uniform 🔊
군복/경찰복/간호사복
2개 뜻 더보기 : [명사] 제복, 군복, 교복, 유니폼, [형용사] 획일적인, 균일한, 한결같은
🔖 중2, 중3, 중1
출처: NAVER 영어사전

위에 형광펜으로 칠한 부분이 보이시죠? 그건 발음기호라는 거예요^^
그런데 방금 전에 단어가 a, e, i, o, u 로 써져 있어서가 아니라
발음이 ㅏ, ㅔ, ㅐ, ㅣ, ㅗ, ㅜ, ㅓ 앞에만 an이 붙는다 했었죠?

uniform은 발음 첫 시작이 [ju]에요~ 그렇기 때문에
an이 아니라 a uniform(어 유니폼)이라 말해야 돼요.

다시 한 번 정확하게 정리하면, 발음기호 첫 시작단어가 a, e, i, o, u로 시작하는 단어 앞에 an을 붙여 주는 거예요^^

university 미국식 [ˌjuːnɪˈvɜːrsəti] ◀ 영국식 [ˌjuːnɪˈvɜːsəti] ◀ +단어장추가 ★★

[명사] pl. -ies Univ. 대학
- Both their children are at **university**. ◀
  그들의 자녀는 둘 다 대학에 다닌다.
📖 중2, 고교 영어2, 중3

출처: NAVER 영어사전

University(유니벌시티) 발음기호가 무엇으로 시작하죠? j로 시작하죠?

그러니 얘는 a university(어 유니벌시티)가 되겠네요^^

umbrella 미국·영국 [ʌmˈbrelə] ◀ 영국식 ◀ +단어장추가 ★★

[명사] (또한 英 비격식 brolly) 우산, 양산, 파라솔 [참고] parasol, sunshade
- I put up my **umbrella**. ◀
  나는 우산을 펴 들었다.
3개 뜻 더보기 : [명사] (다른 많은 부분·요소를 포괄하는) 상부[상위]
📖 중2, 중3, 중1

출처: NAVER 영어사전

Umbrella(엄브렐라)는 발음기호가 어떻게 시작하나요? a로 시작하죠?

그럼 an umbrella(언 엄브렐라)가 되겠네요^^

이제 확실히 알겠죠? 언제 a가 붙고 an이 붙는지!

■ 그는 정직한 사람이다.

• 정직한 = honest(어네스트)

• 사람 = person(펄슨)

· 정직한 사람

▶ _____

· 그는 정직한 사람이다.

▶ _____

· 정직한 사람이다.

▶ _____

["이분은 나의 엄마입니다"를 말해보도록 할게요.]

· 엄마 = mother(마덜)
· 나의 엄마 = my mother(마이 마덜)
· 나의 엄마이다 = be my mother(비 마이 마덜)

그럼, '이분'이란 말은 어떻게 할까요?

우리가 63강에서 This(디스) = '이것'이라고 배웠죠?

This(디스)는 사물을 가리킬 땐 '이것'이라고 하지만 사람을 가리킬 땐 '이 사람'이라고 말한답니다^^

Q. 그럼 This(디스)가 '이 사람'인데 '이 분'은 뭐라 해요? 엄마한테 '이 사람'이라고 하면 너무 무례한 거 아니에요?

A. 영어에는 대부분 존칭이 없어요. This(디스) 하면 이 사람, 애, 이 분, 이 녀석 이렇게 다~ 쓸 수 있답니다^^ 그러니 '이 분'인데 This(디스)라 했다고 죄책감 느끼지 않아도 돼요.

This(디스) = 이 사람, 애, 이 분, 이 녀석
That(뎃) = 저 사람, 쟤, 저 분, 저 녀석

※ This: 거리상 나의 가까이에 있는 사람.

   That: 거리상 나와 멀리 있는 사람.

그럼 다시~ This(디스)는 나도 아니고 너도 아니고 다른 사람 1명을 가리키니까 3인칭단수! 3인칭단수일 때 be(비)는 is(이즈)로 변하죠~^^

This be my mother(디스 비 마이 마덜)에서 be(비)를 is(이즈)로 바꿔주면 되겠네요^^

· 이분은 나의 엄마입니다 = This is my mother.(디스 이즈 마이 마덜)

Q. 그런데 줄라이! my mother(마이 마덜) 앞에는 한 명의 엄마이니까 a(어)가 붙어야 하는 거 아닌가요?

A. 아니요! my mother(마이마덜) 앞에는 a(어)가 붙지 않습니다^^

Q. 왜요?

A. 영어를 쓰는 사람들은 정확한 것을 좋아한다 했죠? 우리끼리 말할 때 "야! 나 차 샀다"라고 하면 우리는 '아~ 쟤 소유의 차 한 대를 샀구나' 하고 다 알아 듣잖아요, 그런데 영어를 쓰는 사람들은 안 그렇다는 거죠. 간단한 예문을 통해서 볼게요!

· 차 = car(카)
· 사다 = buy(바이)
· 차를 사다 = buy car(바이 카)

"나 차 샀어" 하면 몇 대를 샀는지, 어떤 차를 샀는지, 무슨 용도의 차를 산건지 이런 것을 정확하게 말해 주어야 해요. 이렇게 정확한 것을 좋아하기 때문에 사물 앞에 a(어)나 an(언) the(더) 같은 아이들(관사)을 붙여서 말하는 거고요~

· 차를 사다 = buy car(바이 카) 보다 더 명확하게는
· 하나의 차를 사다 = buy a car(바이 어 카) 보다 더 명확하게는
· 그 차를 사다 = buy the car(바이 더 카) 보다 더 명확하게는
· 내 차를 사다 = buy my car(바이 마이카)

car 〈 a car 〈 the car 〈 my car

그래서 This is my mother(디스 이즈 마이 마덜)에서도 my mother(마이 마덜) '내!! 엄마야'라고 명확하게 말해주었기 때문에 굳이 my mother(마이 마덜) 앞에 'a'를 넣어줄 필요가 없는 거예요^^ 소유격(내 것)만큼 어떤 관사(a, an, the)보다 정확한 게 없다는 거죠~ 그래서 소유격 앞에는 관사 a/ an/ the를 넣지 않는답니다.

이제 소유격 앞에 관사를 왜 붙이지 않는지 아시겠죠?

예문

- 얘는 내 딸입니다.

  This is my daughter.

  (디스 이즈 마이 도럴)

- 쟤는 내 아들입니다.

  That is my son.

  (뎃 이즈 마이 썬)

1-64. 직접 써볼까요?

- 얘는 내 제일 친한 친구야.
- 제일 친한 친구 = best friend(베스트 프렌드)

· 내 제일 친한 친구

➡ _____

· 내 제일 친한 친구야.

➡ _____

· 얘는 내 제일 친한 친구야.

➡ _____

["나는 서울에 있어요"를 배워볼게요.]

'서울'은 영어로 Seoul(서울)이죠! 여기서 중요한 것!
지역명은 단어 첫 글자를 '대문자'로 써주어야 해요^^
서울이라는 지역은 세상에 하나밖에 없죠?
세상에 하나밖에 없는 애들은 고유명사라고 해서
고유명사의 첫 글자는 항상 대문자로 써준답니다^^

'서울에'는 어떻게 말할까요?
· in(인) = ~안에
· 서울 안에 = in Seoul(인 서울)
직역하면 '서울 안에'이지만 이 말은 곧 '서울에'라고 자연스럽게 의역하면 돼요^^

직역이라는 건 단어 하나하나 의미에 충실해서 번역하는 것이고
의역이라는 건 단어나 구, 절에 얽매이지 않고 전체 뜻을 살리는 번역을 말해요.
우리말도 보면 같은 말이어도 누가 하냐에 따라 느낌이 다르죠?
보시면,

be in Seoul(비 인 서울) 어떻게 번역할까요?
- 서울에 있어요.
- 서울이다.
- 서울이에요.
- 서울입니다.
- 서울이여~
- 서울이랑께~
- 서울이구먼~

다 같은 말인데 다 다른 느낌이죠? 그래서, 번역본을 보면 내용은 동일하지만 느낌이 다른 건 누가 번역하는가의 차이랍니다^^

'나는 서울에 있어요' I be in Seoul(아이 비 인 서울)
I(아이)는 1인칭단수니까 be(비)가 am(엠)으로 바뀌어서
· 나는 서울에 있어요 = I am in Seoul.(아이 엠 인 서울)
이렇게 말할 수 있겠네요~ 차암~ 쉽죠잉?^^

예문

■ 나는 중국에 있어요.
I am in China.
(아이 엠 인 차이나)

■ 우리는 미국에 있어요.
We are in America.
(위 아 인 아메리카)

■ 그녀는 부산에 있어요.
She is in Busan.
(쉬 이즈 인 부산)

■ 그들은 프랑스에 있어요.
They are in France.
(데이 아 인 프랜스)

- 너는 내 마음에 있다.
- 마음 = heart(하알ㅌ)

· 내 마음
➡ My heart(마이 하알ㅌ)

· 내 마음 안에/내 마음에
➡

· 내 마음에 있다.
➡

· 너는 내 마음에 있다.
➡

"이것이 사랑입니까?"와 대답하기
Is this love?

[질문하기]

"이것이 사랑입니까?"를 말해보도록 할게요.
우리 전에 질문하는 방법 배웠었죠? 그거랑 같은 방법이라
여러분들이 벌써 다~ 할 수 있는 말이랍니다^^
그런데 우리는 돌아서면 자꾸 잊어버리니 자주 해줘야겠죠?
다시 한 번 천천히 같이 해 보아요.

· 사랑 = love(러브)
· 사랑이야 = be love(비 러브)

여기까지는 매일 해서 이제 식은 죽 먹기죠?^^
자! 그럼, 이것/이것은/이 사람 이러한 뜻을 가지고 있는 단어는? This(디스)이죠! 그럼 연결해서 말해볼까요?
'이건 사랑이야' This be love(디스 비 러브)
여기서 be(비)는 어떻게 변하죠?
This(디스)는 나도 아니고 너도 아닌 3인칭단수이니까
is(이즈)로 변해서,
· 이건 사랑이야 = This is love.(디스 이즈 러브)라고 말할 수 있겠네요^^

그럼, 오늘 우리가 하고 싶은 말은
"이건 사랑입니까?" 하고 물어보는 거였죠?
기억을 새록새록 떠올리며, 아주 간단하게~
주어와 동사의 위치만 살짝 바꿔주면 됐었죠!!

· 이건 사랑입니까? = Is this love?(이즈 디스 러브?) 너무 쉽죠? 의문문이니까 뒤에 꼭 물음표를 붙여주세요~

This is
×
Is this
문장의 첫글자는 대문자로

[대답하기]

그럼, 대답도 한번 해볼까요?

· 긍정일 땐 = Yes(예스)
· 부정일 땐 = No(노)

· 응! 그건 사랑이야 = Yes! It is.(예스 잇 이즈)
is(이즈)로 물어봤으니 is(이즈)로 대답해주시면 돼요^^
is(이즈) 안에 This is love.(디스 이즈 러브)라는 내용이 함축되어 있는 거예요~

· 아니! 그건 사랑이 아니야 = No, It isn't.(노 잇 이즌트)
얘도 마찬가지로 is(이즈)로 물어봤으니 is(이즈)로 대답해주는데
not(낫)부정의 표현을 붙여 is not(이즈 낫), 줄여 쓰면 isn't(이즌트)
isn't(이즌트)안에는 This is not love.(디스 이즈 낫 러브)가
함축되어 있답니다^^
이제는 대답도 잘할 수 있겠죠?

■ 이것은 나의 선물이다.

This is my present.

(디스 이즈 마이 프레젠트)

■ 이거 내 선물이야?

Is this my present?

(이즈 디스 마이 프레젠트?)

1-66. 직접 써볼까요?

■ 저 사람은 네 남자친구니?

- 남자친구 = boyfriend(보이프렌드)
- 너의 = your(유얼)

· 너의 남자친구

➡ _____

· 너의 남자친구이다.

➡ _____

· 저 사람

➡ _____

· 저 사람은 너의 남자친구이다.

➡ _____

· 저 사람은 네 남자친구니?

➡ _____

1. 나는 행복해질 거야. =

2. 나는 친절해질 거야. =

3. 나는 좋은 엄마가 될 수 있다. =

4. 너는 좋은 친구가 될 수 있다. =

5. 이것은 사과입니다. =

6. 그는 정직한 사람이다. =

7. 이분은 나의 엄마입니다. =

8. 얘는 내 제일 친한 친구야. =

9. 나는 서울에 있어요. =

10. 너는 내 마음에 있다. =

11. 이것이 사랑입니까? =

12. 저 사람은 네 남자친구니? =

1. 나는 행복해질 거야. = I will be happy.

2. 나는 친절해질 거야. = I will be kind.

3. 나는 좋은 엄마가 될 수 있다. = I can be a good mother.

4. 너는 좋은 친구가 될 수 있다. = You can be a good friend.

5. 이것은 사과입니다. = This is an apple.

6. 그는 정직한 사람이다. = He is an honest person.

7. 이분은 나의 엄마입니다. = This is my mother.

8. 얘는 내 제일 친한 친구야. = This is my best friend.

9. 나는 서울에 있어요. = I'm in Seoul.

10. 너는 내 마음에 있다. = You are in my heart.

11. 이것이 사랑입니까? = Is this love?

12. 저 사람은 네 남자친구니? = Is that your boyfriend?

["나는 산을 올라 갈 거야"를 말해보도록 할게요.]

우선, 단어 2개를 먼저 배우고 시작할까요?^^

· up(업) = ~위쪽으로
· down(다운) = ~아래쪽으로

'가다'는 영어로 뭔가요?
· 가다 = go(고)
'가다'라는 go(고)와 '~위쪽으로'라는 up(업)이 만나면 무슨 뜻이 될까요?

go + up = 올라가다
가다 ~위쪽으로 = 위쪽으로 가다

그럼, 자연스럽게 '가다' go(고)와 '~아래쪽'으로라는 down(다운)이 만나면 무슨 뜻이 될까요?

go + down = 내려가다
가다 ~아래쪽으로 = 아래쪽으로 가다

· 올라가다 = go up(고 업)
· 내려가다 = go down(고 다운)

오늘 우리가 할 말은 '나는 산을 올라갈 거야'였죠?

· ~할 거야 = will(윌)

· 나는 ~할 거야 = I will(아 윌)

어디를? 산을!

· 산 = mountain(마운틴)

· 나는 산을 올라갈 거야

  I will go up the mountain.

  (아 윌 고 업 더 마운틴)

Q. 어! 줄라이 mountain(마운틴) 앞에 the(더)는 왜 들어가나요?

A. 우리 a/an(관사) 배울 때 잠깐 나왔었죠? the(더)!

  영어를 쓰는 사람들은 정확한 걸 좋아한다 했었어요~ 나는 지금 하나의 산 a mountain(어

  마운틴)이 아니라 어떤 특정한 산! 그 산!을 올라가려는 거죠?

  그 산 = the mountain(더 마운틴) 그래서 the(더)를 써준 거랍니다^^

1-67. 직접 써볼까요?

■ 나는 산을 내려갈 거야.

· 가다.

⏩ _____

· 내려가다.

⏩ _____

· 나는 ~할 거야.

⏩ _____

· 나는 내려갈 거야.

⏩ _____

· 나는 산을 내려갈 거야.

⏩ _____

68강 | 나는 여기 있어요.
I'm here.

["나는 여기 있어요"를 말해보도록 할게요.]

우리 34강에서 배웠던 예문 한번 다시 써 볼까요?

· 너는 여기 와서 점심 먹어도 돼

  You can come here and have lunch.

  (유 캔 컴 히얼 앤 해브 런치)

에서 배웠었죠? '여기'는 영어로 뭐였죠?

· 여기 = here(히얼) 기억나시죠? 기억이 새록새록~

자, 그럼

· 여기 = here(히얼)

· 여기 있다 = be here(비 히얼)

· 나는 여기 있다 = I be here(아이 비 히얼)

여기에서 be(비)는 I(아이)를 만나 무엇으로 바뀌죠?

am(엠)으로 바뀌죠~

· 나는 여기 있어요 = I am here.(아이 엠 히얼)

I am here.(아이 엠 히얼)은 I'm here.(아임 히얼)로 바꿀 수 있었어요~

너무 간단하죠?^^

'나 여깄어~'말할 때 이제 I'm here.(암 히얼) 하면 되는 거예요^^

예문

■ 나의 엄마는 여기 있어요.

  My mother is here.

  (마이 마덜 이즈 히얼)

■ 그 병원은 여기 있어요.

  The hospital is here.

  (더 하스피럴 이즈 히얼)

■ 그 식당은 여기 있어요.

• 식당 = restaurant(레스토랑)

· 식당

➡ _____

· 여기

➡ _____

· 여기 있다.

➡ _____

· 그 식당

➡ _____

· 그 식당은 여기 있어요.

➡ _____

* 주어가 3인칭단수일 때 be(비)는 어떻게 변하는지 잘 생각해보고 적어주세요^^

["내 사무실은 이 건물 안에 있어요"를 말해보도록 할게요.]

'건물'은 영어로 뭘까요?

· 건물 = building(빌딩)

그럼, '이 건물'은요?

· 이것 = This(디스)

· 이 건물 = This building(디스 빌딩)

· ~안에 = in(인)

· 이 건물 안에 = in this building(인 디스 빌딩)

· 이 건물 안에 있다 = be in this building(비 인 디스 빌딩)

벌써 절반은 다 했네요~^^

그럼, 우리 이제 '내 사무실'이라는 단어만 알면 되겠죠?

· 사무실 = office(오피스)

· 내 사무실 = My office(마이 오피스)

자, 연결해서 말해볼까요?

· 내 사무실은 이 건물 안에 있어요

  My office be in this building.

  (마이 오피스 비 인 디스 빌딩)

그런데 여기에서 '내 사무실'은 나도 아니고 너도 아닌

3인칭단수이니까 be(비)는 어떻게 변하죠?

· 내 사무실은 이 건물 안에 있어요

My office is in this building.

(마이 오피스 이즈 인 디스 빌딩) 이렇게 말할 수 있겠네요^^

정말 엄청 쉽죠?^^

예문

■ 그 고양이는 이 상자 안에 있어요.

The cat is in this box.

(더 캣 이즈 인 디스 박스)

■ 내 스마프폰은 이 가방 안에 있어요.

My smartphone is in this bag.

(마이 스마트폰 이즈 인 디스 백)

1-69. 직접 써볼까요?

■ 너의 가방은 이 차안에 있어요.

· 차

➡

· 이 차

➡

· 이 차 안에

➡

· 너의

➡ Your(유얼)

· 너의 가방

➡

· 너의 가방은 이 차 안에 있어요.

➡

["내 강아지는 쇼파 위에 있어요"를 말해보도록 할게요.]

그럼, 우선 '~위에'라는 말을 알아야겠죠?

· ~위에 = on(온)
· 쇼파 = sofa(쇼파)

그럼, '쇼파 위에'는 어떻게 쓸까요?
on sofa(온 쇼파)라고 할까요? 안 돼요~
영어를 쓰는 사람들은 정확한 걸 좋아한다고 했었죠?

하나의 쇼파 a sofa(어 쇼파)가 아닌, 특정한 쇼파 위에 있는 거니까, 그 쇼파 the sofa(더 쇼파)라고 해주어야 돼요.

· 쇼파 위에 = on the sofa
· 쇼파 위에 있다 = be on the sofa(비 온더 쇼파)
· 강아지 = dog(도그)
· 내 강아지 = My dog(마이 도그)
· 내 강아지는 쇼파 위에 있어요
  My dog be on the sofa
  (마이 도그 비 온 더 쇼파)

여기서 My gog(마이 도그)는 나도 아니고 너도 아닌
3인칭단수이니까 be(비)는 is(이즈)로 변하죠?

· 내 강아지는 쇼파 위에 있어요

My dog is on the sofa.

(마이 도그 이즈 온 더 쇼파)

예문

■ 내 컴퓨터는 책상 위에 있어요.

My computer is on the desk.

(마이 컴퓨터 이즈 온 더 데스크)

■ 너의 가방은 의자 위에 있어요.

Your bag is on the chair.

(유얼 백 이즈 온 더 체어)

■ 그 자켓은 테이블 위에 있어요.

The jacket is on the table.

(더 자켓 이즈 온 더 테이블)

■ 그 열쇠는 테이블 위에 있어요.

The key is on the table.

(더 키 이즈 온 더 테이블)

1-70. 직접 써볼까요?

■ 나는 침대 위에 있어요.

· 침대

➡ bed(베드) _____

· ~위에

➡ _____

· (특정한) 침대 위에

➡ _____

· 침대 위에 있어요.

➡ _____

· 나는 침대 위에 있어요.

➡ _____

* 이 말은 의역하면 '나는 침대 위에 누워있어'라고 말한답니다^^

185

71강

세계는 매우 넓다.
The world is very wide.

["세계는 매우 넓다"를 말해보도록 할게요.]

'넓은'은 영어로 뭘까요?

· 넓은 = wide(와이드)

· 넓다 = be wide(비 와이드)

· 매우 = very(베리)

· 매우 넓다 = be very wide(비 베리 와이드)

· 세계 = The world(더 월드)

· 세계는 매우 넓다

  The world be very wide.

  (더 월드 비 베리 와이드)

그런데 여기에서 The world(더 월드)는 나도 아니고 너도 아닌

3인칭단수이니까 be(비)가 is(이즈)로 변하죠?^^

· 세계는 매우 넓다

  The world is very wide.

  (더 월드 이즈 베리 와이드)

Q. 줄라이! 왜 world(월드) 앞에 The(더)를 붙이나요?

A. world(월드)라는 말은 기본적으로 '세계'라는 뜻을 지닌 단어예요. 그러나 동물계, 식물계, 학생들 세계, 어른들 세계 등 일정수준의 규모를 가진 특정한 대상을 묶을 때도 두루 사용 될 수 있어요.

하지만, 일반적으로 The world(더 월드)라고 the(더)를 붙이면 우리가 사는 세계, 즉 지구촌을 뜻하게 됩니다^^

1-71. 직접 써볼까요?

■ 지구는 너무 아름다워요.

· 지구 = The earth(디 얼뜨)

· 아름다운

➡ ______________________

· 너무 아름다운

➡ ______________________

· 너무 아름답다.

➡ ______________________

· 지구는 너무 아름다워요.

➡ ______________________

* earth(얼뜨)는 기본적으로 '지구'라는 뜻으로 쓰이지만 행성/땅/지면 같은 의미로도 두루 사용될 수 있어요. 하지만 the earth(디 얼뜨)라고 the(디)를 붙이면 우리가 살고 있는 초록별! 지구라고 뜻이 명확해집니다^^
* earth(얼뜨)는 발음소리가 'ㅓ'로 시작하죠? 그렇게 때문에 the(더)라고 읽지 않고 The(디)라고 읽습니다.
* 발음소리가 모음(ㅏ, ㅔ, ㅐ, ㅣ, ㅗ, ㅜ, ㅓ)으로 시작하면 앞에 the(더)는 the(디)로 읽어요^^

꽃들이 너무 예뻐요.
Flowers are so beautiful.

["꽃들이 너무 예뻐요"를 말해보도록 할게요.]

'예쁜'은 pretty(프리티)라고 하지만, '아름다운'이라는 뜻의 beautiful(뷰리풀) 또한 '예쁜'이라고 사용할 수 있어요~

오늘은 beautiful(뷰리풀)을 '예쁜'이라는 뜻으로 써볼게요^^

· 예쁜 = beautiful(뷰리풀)

· 너무 예쁜 = so beautiful(쏘 뷰리풀)

· 너무 예쁘다 = be so beautiful(비 쏘 뷰리풀)

· 꽃 = flower(플라워)

그럼, '꽃들'은 영어로 뭘까요?

'꽃들'이라는 것은 꽃 한 송이가 여러 개 모여 '꽃들'이 되는 거죠?

flower(플라워) 뒤에 s(에스)만 붙여주면,

· 꽃들 = flowers(플라워스)가 된답니다^^ 간단하죠?

그럼, 정리해서 써볼까요?

· 꽃들은 예뻐요 = Flowers be so beautiful(플라워스 비 쏘 뷰리풀)

그런데 여기서 be(비)는 주어가 복수이니까 어떻게 변하죠?

are(아)로 변하죠?

· 꽃들은 예뻐요 = Flowers are so beautiful.(플라워스 아 쏘 뷰리풀)

이렇게 말할 수 있겠네요~ 너무 쉽죠?^^

■ 호랑이들은 무서워요.
Tigers are scary.
(타이거스 아 스케어리)

■ 강아지들은 너무 귀여워요.
Dogs are so cute.
(도그스 아 쏘 큐트)

■ 치타들은 아주 빨라요.
Cheetahs are so fast.
(치타스 아 쏘 빼스트)

■ 거북이들은 느려요.
Turtles are slow.
(터틀스 아 슬로우)

1-72. 직접 써볼까요?

■ 코끼리들은 무거워요.

· 무거운
◐ heavy(해비)

· 무겁다.
◐

· 코끼리
◐ Elephant(엘레펀트)

· 코끼리들
◐

· 코끼리들은 무거워요.
◐

1. 나는 산을 올라갈 거야. =

2. 나는 산을 내려갈 거야. =

3. 나는 여기 있어요. =

4. 그 식당은 여기 있어요. =

5. 내 사무실은 이 건물 안에 있어요. =

6. 너의 가방은 이 차 안에 있어요. =

7. 내 강아지는 쇼파 위에 있어요. =

8. 나는 침대 위에 있어요. =

9. 세계는 매우 넓다. =

10. 지구는 너무 아름다워요. =

11. 꽃들이 너무 예뻐요. =

12. 코끼리들은 무거워요. =

1. 나는 산을 올라갈 거야. = I will go up the mountain.

2. 나는 산을 내려갈 거야. = I will go down the mountain.

3. 나는 여기 있어요. = I'm here.

4. 그 식당은 여기 있어요. = The restaurant is here.

5. 내 사무실은 이 건물 안에 있어요. = My office is in this building.

6. 너의 가방은 이 차 안에 있어요. = Your bag is in this car.

7. 내 강아지는 쇼파 위에 있어요. = My dog is on the sofa.

8. 나는 침대 위에 있어요. = I'm on the bed.

9. 세계는 매우 넓다. = The world is very wide.

10. 지구는 너무 아름다워요. = The earth is so beautiful.

11. 꽃들이 너무 예뻐요. = Flowers are so beautiful.

12. 코끼리들은 무거워요. = Elephants are heavy.

["아기들은 귀여워요"를 말해보도록 할게요.]

'귀여운'은 72강에서 잠깐 보았던 단어죠?

· 귀여운 = cute(큐트)

· 귀엽다 = be cute(비 큐트)

'아기'는 영어로 뭘까요?

· 아기 = baby(베이비)

Q. 그럼, '아기들'은 어떻게 쓸까요?

　72강에서 '꽃들'할 때 Flower(플라워) 뒤에 s(에스)를 붙여서 'flowers(플라워스) = 꽃
　들'이라고 배웠으니

　'아기들'도 baby(베이비) 뒤에 s(에스)를 붙여 'babys(베이비스)'라고 하는 거 아닐까요?

A. 우와! 너무 잘하셨어요!! 그치만 안타깝게도 '아기들'은 babys(베이비스)라 하지 않아요~

· 아기 = baby(베이비)에서 마지막 글자인

　y(와이)가 i(아이)로 바뀌고 뒤에 es(이에스)를 붙여

· 아기들 = babies(베이비즈)라고 한답니다.

그럼 연결해서 써볼까요?

아기　= baby(베이비)
아기들 = babies(베이비즈)

※ 자음 + y로 끝나는 단어는 y를
i 로 고치고 es를 붙인다.

· 아기들은 귀여워요 = Babies are cute.(베이비즈 아 큐트)

이렇게 말할 수 있겠네요~ 너무 쉽죠?

그런데, 단어가 y(와이)로 끝났지만 예외가 있어요.

· 소년 = boy(보이)와 같은 경우 y(와이) 앞이 모음이죠?

이럴 땐,

· 소년들 = boys(보이즈)라고 끝에 s(에스)만 붙여주면 돼요^^

* 영어의 모음: a, e, i, o, u

자음 + y = y가 i로 바뀌고 es를 붙인다.

모음 + y = 뒤에 s만 붙인다.

예문

■ 가족들은 행복해요.

가족 = family(패밀리)

Families are happy.

(패밀리즈 아 해피)

■ 이야기들은 흥미로워요.

이야기 = story(스토리)

Stories are interesting.

(스토리즈 아 인터레스팅)

■ 소년들은 잘생겼어요.

소년 = boy(보이)

Boys are handsome.

(보이즈 아 핸썸)

■ 장난감들은 비싸요.

장난감 = toy(토이)

Toys are expensive.

(토이즈 아 익스팬시브)

■ 사탕들은 달콤해요.

· 사탕

◐ candy(캔디)

· 사탕들

◐

· 달콤한

◐ sweet(스위트)

· 달콤하다.

◐

· 사탕들은 달콤하다.

◐

나는 여기 있길 원해요.
I want to be here.

["나는 여기 있길 원해요"를 말해보도록 할게요.]

벌써 입이 움직이지 않으세요?

이제 이 정도는 할 수 있을 것 같은데… 하는 생각이 드시죠?

같이 한번 해 볼게요~

· 여기 = here(히얼)

· 여기 있다 = be here(비 히얼)

그럼, '~이길'은 뭐였죠? 왜~ 우리 예전에

· ~이길 = to(투)라고 배웠었는데…

· 타기를 = to take(투 테이크)

· 나는 버스타기를 원해

　I want to take a bus.

　(아이 원 투 테잌 어 버스)

38강에서 했었죠? 이제 기억이 나시나요?

안 나도 괜찮습니다. 오늘 저랑 이렇게 또 배웠으니까요~

잘 기억날 때까지 또 하고 또 하면 되죠 뭐^^

그럼,

· 여기 있다 = be here(비 히얼)

· 여기 있기를 = to be here(투 비 히얼)이라고 쓰면 되겠죠?

'타기를' 이라고 말할 때도

to(투) 뒤에 take(테이크)라는 동사원형이 오고

'여기 있기를' 할 때도 to(투)뒤에 be(비)가 변하지 않고
동사원형 그대로 옵니다.

※ to(투) 뒤에는 동사원형이 온다! 기억해 주세요^^

to(투) + 동사원형

· 나는 원해 = I want.(아이 원트)

· 여기 있기를 = to be here(투 비 히얼)

· 나는 여기 있기를 원해 = I want to be here.(아이 원 투 비 히얼)

이렇게 말하면 되겠네요~ 참 쉽죠?^^

예문

■ 나는 중국에 있길 원해요.

· 중국 = China(차이나)

· ~에 = in(인)

· 중국에 = in China(인 차이나)

· 중국에 있다 = be in China(비 인 차이나)

· ~이길 = to(투)

· 중국에 있길 = to be in China(투 비 인 차이나)

· 나는 원해 = I want(아이 원트)

· 나는 중국에 있길 원해요

  I want to be in China.

  (아이 원 투 비 인 차이나)

■ 나는 서울에 있길 원해요.

· 서울 = Seoul(서울)

· ~에 = in(인)

· 서울에 = in Seoul(서울)

· 서울에 있다 = be in Seoul(비 인 서울)

· ~이길 = to(투)

· 서울에 있길 = to be in Seoul(투 비 인 서울)

· 나는 원해 = I want(아이 원트)

· 나는 서울에 있길 원해요

  I want to be in Seoul.

  (아이 원 투 비 인 서울)

1-74. 직접 써볼까요?

■ 나는 너와 함께 있기를 원해.

· ~와 함께	· ~이길
➡ with(위드)	➡
· 너와 함께	· 너와 함께 있길
➡ with you(위드유)	➡
· 너와 함께 있다.	· 나는 원해
➡	➡
· 너와 함께 있다.	· 나는 너와 함께 있길 원해.
➡	➡

["이것들은 달콤한 사탕입니다"를 말해보도록 할게요.]

역시 딱! 하나만 배우면 돼요^^

오늘의 문장 중에서 배우지 않은 단어는 뭘까요?

'이것들' 이죠?^^ '이것들' 은 영어로 뭘까요?

· 이것들 = These(디즈)예요^^ 끝! 간단하죠?

These(디즈) = 이것들

'이것들은 달콤한 사탕입니다' 천천히 같이 해볼게요.

시작하기 전, 여기서 중요한 건 '이것들'이라고 했으니

사탕이 한 개일까요? 여러 개일까요?

당연히 여러 개겠죠?

그럼 '이것들은 달콤한 사탕입니다'에서

한국말은 사탕이라고 했지만 영어로는 '사탕들'이라고 써줘야겠네요^^

· 사탕 = candy(캔디)

· 사탕들 = candies(캔디스)

※ 명사를 복수로 만들 때 단어 마지막이 자음+y로 끝나면 y가 i로 바뀌고 es를 붙인다!

　안 잊어버리셨죠?^^

· 달콤한 = sweet(스윗트)

· 달콤한 사탕들 = sweet candies(스윗트캔디스)

· 달콤한 사탕들이다 = sweet candies(스윗트캔디스)

· 이것들 = These(디즈)

· 이것들은 달콤한 사탕입니다

  These be sweet candies

  (디즈 비 스윗트 캔디스)

여기서 be(비)는 주어가 '이것들'이라는 복수니까

주어가 복수일 땐 be(비)가 어떻게 변하죠? are(아)로 변하죠?

· 이것들은 달콤한 사탕입니다

  These are sweet candies.

  (디즈 아 스윗트 캔디스)

예문

■ 이것들은 오래된 책입니다.

· 책들 = books(북스)

· 오래된 = old(올드)

· 오래된 책들 = old books(올드 북스)

· 오래된 책들이다 = be old books(비 올드 북스)

· 이것들 = These(디즈)

· 이것들은 오래된 책입니다

  These are old books.

  (디즈 아 올드 북스)

■ 이것들은 생화입니다.

· 생화들

▶ real flowers(리얼 플라워스)

· 생화들입니다.

▶

· 이것들

▶

· 이것들은 생화입니다.

▶

["저것들은 싱싱한 오이입니다"를 말해보도록 할게요.]

여기서도 '저것들'이라 했으니 오이가 한 개인가요? 여러 개인가요?
'여러 개'겠죠? 그럼, '저것들은 싱싱한 오이입니다'에서
한국말은 오이라고 했지만 영어로는 '오이들'이라고 써줘야겠죠?

· 오이 = cucumber(큐컴벌)

· 오이들 = cucumbers(큐컴벌스)

· 싱싱한 = fresh(프레쉬)

· 싱싱한 오이들 = fresh cucumbers(프레쉬 큐컴벌스)

· 싱싱한 오이들이다 = be fresh cucumbers(비 프레쉬 큐컴벌스)

· 저것들 = Those(도오즈)

Those(도오즈) = 저것들

· 저것들은 싱싱한 오이들이다

  Those be fresh cucumbers.

  (도오즈 비 프레쉬 큐컴벌스)

여기서 be(비)는 주어가 복수이니까 어떻게? are(아)로 변하죠?
그럼 다시 정리해보면,

· 저것들은 싱싱한 오이들이다

  Those are fresh cucumbers.

  (도오즈 아 프레쉬 큐컴벌스)

These(디즈)를 해봐서 오늘은 더 쉬웠죠?^^

가까운 거 여러 개 = These(디즈)
멀리있는 거 여러 개 = Those(도오즈)

■ 저 소년들은 중학생입니다.

· 중학생들 = middle school students(미들스쿨 스튜던츠)

저 소년들이라 했으니 한국말로는 중학생이라 했어도 영어로는 중학생들이라고 써줘야겠죠?

· 중학생들입니다 = be middle school students

(비 미들 스쿨 스튜던츠)

· 저 소년들 = Those boys(도오즈 보이즈)

· 저 소년들은 중학생입니다

Those boys are middle school students.

(도오즈 보이즈 아 미들 스쿨 스튜던츠)

1-76. 직접 써볼까요?

■ 저 소녀들은 고등학생입니다.

· 고등학생들

➲ high school students(하이스쿨 스튜던츠)

· 고등학생들입니다.

➲

· 소녀들

➲ girls(걸스)

· 저 소녀들

➲

· 저 소녀들은 고등학생입니다.

➲

["나는 네가 공부하길 원해"를 말해보도록 할게요.]

우선, '나는 공부하길 원해' 어떻게 말했었죠?

· 나는 원해 = I want(아이 원트)

· 공부하다 = study(스터디)

　'공부하길'은 어떻게 말했죠? 앞에 to(투)를 붙여

· 공부하길 = to study(투 스터디)라고 했었죠! 기억나시나요?^^

그럼, 정리해서 말해 보면

· 나는 공부하길 원해

　I want to study(아이 원 츄 스터디) 이렇게 말할 수 있었죠~

그런데 우리가 오늘 할 말은

'나는 네가 공부하길 원해'

어떻게 말하면 될까요?

정말 간단해요! to(투) 앞에 you(유)를 붙여주면 된답니다!

· to study(투 스터디) = 공부하기를

· you to study(유 투 스터디) = 네가 공부하기를

그럼 연결해서 써보면!

· 나는 네가 공부하기를 원해

　I want you to study.

　(아이 원 유 투 스터디) 이렇게 말할 수 있겠네요! 너무 쉽죠?

■ 나는 네가 사랑하기를 원해.

I want you to love.

(아이 원 유 투 러브)

■ 나는 네가 운전하기를 원해.

I want you to drive.

(아이 원 유 투 드라이브)

■ 나는 네가 만들기를 원해.

I want you to make.

(아이 원 유 투 메잌)

■ 나는 네가 달리기를 원해.

I want you to run.

(아이 원 유 투 런)

1-77. 직접 써볼까요?

■ 나는 네가 돈 벌기를 원해.

· 만들다 = make(메잌)

· 돈 = money(머니)

· 돈을 벌다 = make money(메잌 머니)

※ make money(메잌 머니)는 직역하면 '돈을 만들다'이지만 의역해 '돈을 벌다'라고 쓰여요!

· 돈 벌기를	· 나는 원해
〇	〇 ....
· 네가 돈 벌기를	· 나는 네가 돈 벌기를 원해.
〇	〇 ....

["그녀는 내가 돈 벌기를 원해요"를 말해보도록 할게요.]

우리가 77강에서는 '나는 네가 돈 벌기를 원해'를 썼죠!

오늘은 '그녀는 내가 돈 벌기를 원해'를 말해볼게요.

전에 배운 것들을 복습하며 차근차근 같이 해보아요^^

우선, '돈을 벌다'는 어떻게 말하죠?

· 돈을 벌다 = make money(메익 머니)
· 돈 벌기를 = to make money(투 메익 머니)

그런데 누가 돈 벌기를 원한다고요?

'내가' 돈 벌기를 원한다 했었죠! 그럼 '내가'를 적어주면 되겠네요~

'내가'는 I(아이)이니까

I to make money(아이 투 메익 머니)로 적으면 되는 거죠?

땡! 추론은 좋았지만 I to make money(아이 투 메익 머니)라는 말은 없어요. 영어에서는 주어 다음 동사가 나와야 하는데 I(아이) 다음 to(투)는 동사가 아니죠! 그래서 I to make money(아이 투 메익 머니)는 쓸 수가 없어요. 여기서 '내가 돈 벌기를'을 쓰려면 me(미)라는 목적격이 들어가야 해요!

· 내가 돈 벌기를 = me to make money(미 투 메익 머니)
· 그녀는 원해요 = She wants(쉬 원츠)
※ 주어가 나도 아니고 너도 아닌 3인칭단수일 땐 동사 뒤에 s를 붙여 줬었죠!

· 그녀는 내가 돈 벌기를 원해

  She wants me to make money

  (쉬 원츠 미 투 메익 머니) 이렇게 말하면 되겠네요!

복습하면서 말한 거라 오늘도 별로 어렵지 않죠?

Q. 그런데 줄라이! 목적격이 뭐예요?

  me(미)는 '나를/나에게'라는 뜻 아닌가요?

A. 아주 잘 알고 계시네요! me(미)는 '나를/나에게'라는 뜻도 가지고 있어요. 목적격이 무엇인지 알려드릴게요!

  '그녀는 내가 돈 벌기를 원해'라고 했죠! 이 문장에서 그녀의 목적이 뭐예요? '내가 돈 벌기를'이 그녀의 목적이죠~ 그래서 '내가'라고 하는 자리에 목적격이 들어가는 거예요.

주격	소유격	목적격
I(아이) 나는	My(마이) 나의	Me(미) 나를/나에게
You(유) 너는	Your(유얼) 너의	You(유) 너를/너에게
She(쉬) 그녀는	Her(허얼) 그녀의	Her(허얼) 그녀를/그녀에게
He(히) 그는	His(히스) 그의	Him(힘) 그를/그에게

위에 파란색 부분이 목적격이에요^^

그래서
'그녀는 내가 돈 벌기를 원해'
에서 '내가 돈벌기를'
me to make money.
(미 투 메일 머니)

원래는 직역하면
'나에게 돈 벌기를'이지만
자연스럽게 말하기 위해서
'내가 돈 벌기를'이라고
의역해준 거랍니다.

목적격
Me(미) 나를/나에게
You(유) 너를/너에게
Her(허얼) 그녀를/그녀에게
Him(힘) 그를/그에게

따라서

She wants 　목적격　 to make money.

예문

- 그녀는 내가 돈 벌기를 원해.
  She wants me to make money.
  (쉬 원츠 미 투 메일 머니)

- 그녀는 네가 돈 벌기를 원해.
  She wants you to make money.
  (쉬 원츠 유 투 메일 머니)

- 그녀는 그가 돈 벌기를 원해.
  She wants him to make money.
  (쉬 원츠 힘 투 메일 머니)

- 그는 그녀가 돈 벌기를 원해.
  He wants her to make money.
  (히 원츠 허얼 투 메일 머니)

207

■ 그녀는 내가 내 방을 청소하길 원해요.

- 내 방 = my room(마이 룸)
- 청소 = clean(클린)
- 내 방을 청소하다 = clean my room(클린 마이 룸)

· 내 방을 청소하길

▷ _____

· 내가 내 방을 청소하길

▷ _____

· 그녀는 원해요.

▷ _____

· 그녀는 내가 내 방을 청소하길 원해요.

▷ _____

1. 아기들은 귀여워요. =

2. 사탕들은 달콤해요. =

3. 나는 여기 있길 원해요. =

4. 나는 너와 함께 있기를 원해. =

5. 이것들은 달콤한 사탕입니다. =

6. 이것들은 생화입니다. =

7. 저것들은 싱싱한 오이입니다. =

8. 저 소녀들은 고등학생입니다. =

9. 나는 네가 공부하길 원해. =

10. 나는 네가 돈 벌기를 원해. =

11. 그녀는 내가 돈 벌기를 원해요. =

12. 그녀는 내가 내 방을 청소하길 원해요.

     =

1. 아기들은 귀여워요. = Babies are cute.

2. 사탕들은 달콤해요. = Candies are sweet.

3. 나는 여기 있길 원해요. = I want to be here.

4. 나는 너와 함께 있기를 원해. = I want to be with you.

5. 이것들은 달콤한 사탕입니다. = These are sweet candies.

6. 이것들은 생화입니다. = These are real flowers.

7. 저것들은 싱싱한 오이입니다. = Those are fresh cucumbers.

8. 저 소녀들은 고등학생입니다. = Those girls are high school students.

9. 나는 네가 공부하길 원해. = I want you to study.

10. 나는 네가 돈 벌기를 원해. = I want you to make money.

11. 그녀는 내가 돈 벌기를 원해요. = She wants me to make money.

12. 그녀는 내가 내 방을 청소하길 원해요.

    = She wants me to clean my room.

[``나는 일하는 중이야``를 말해보도록 할게요.]

너무 간단해서 깜짝 놀랄 수도 있어요! 자, 그럼 '일하다'는 영어로?

· 일하다 = work(월크)

'일하는 중'은 어떻게 쓸까요?

work(월크) 뒤에 ing(아이엔쥐)만 붙여주면 된답니다.

· 일하는 중 = working(월킹) 너무 간단하죠?

· 일하는 중이다 = be working(비 월킹)

· 나는 일하는 중이다 = I be working(아이 비 월킹)

여기서 be(비)는 I(아이)를 만나 am(엠)으로 바뀌죠!

· 나는 일하는 중이다 = I am working.(아이 엠 월킹)

여기서 헷갈리지 말고 중요한 것!

우리 '나는 일하다' I work(아이 월크)라고 해서

'일하다'가 동사이니까

I working(아이 월킹)이라고 쓸 때가 있어요.

그런데 그럼 안 돼요!

ing(아이엔쥐)를 쓸 때는 앞에 꼭 be동사를 함께 써주어야 해요!

· I working.(X)

· I am working.(O)

- 나는 공부하는 중이야.

  I am studying.

  (아이 엠 스터딩)

- 나는 가는 중이야.

  I am going.

  (아이 엠 고잉)

- 너는 마시는 중이야.

  You are drinking.

  (유 아 드링킹)

- 너는 요리하는 중이야.

  You are cooking.

  (유 아 쿠킹)

1-79. 직접 써볼까요?

- 너는 만나는 중이야.

· 만나다.
➡ _____

· 만나는 중
➡ _____

· 만나는 중이다.
➡ _____

· 너는 만나는 중이다.
➡ _____

나는 물 마실 거야.
I am drinking water.

["나는 물 마실 거야"를 말해보도록 할게요.]

먼저, 어제 배운 ing(아이엔쥐)를 이용해서
'나는 물 마시는 중이야'를 한번 써 볼까요?

· 마시다 = drink(드링크)
· 마시는 중 = drinking(드링킹)
· 물 = water(워러)
· 물 마시는 중 = drinking water(드링킹 워러)
· 물 마시는 중이다 = be drinking water(비 드링킹 워러)
· 나는 물 마시는 중이다 = I be drinking water(아이 비 드링킹 워러)

여기서 be(비)는 I(아이)를 만나서 am(엠)으로 변해야 되죠?
· 나는 물 마시는 중이다 = I am drinking water.(아이 엠 드링킹 워러)

Q. 줄라이 water(워러), 물은 명사니까 물 앞에 관사 'a'를 붙여줘야 하는 거 아니에요?

A. 정말 좋은 질문이에요! 우선 정답을 말씀드리자면, water(워러) 앞에는 관사를 붙이지
않아요. 왜냐하면 물은 액체이기 때문에 셀 수가 없어요. 셀 수 없는 명사 앞에는 관사를
붙이지 않는답니다. 우리 셀 수 있는 명사 앞에만 관사를 붙였던 거 기억하죠? 그래서
drink coffee(드링크 커피)할 때도 coffee(커피) 앞에 관사가 없었죠^^

· 물 마시는 중 = drinking water(드링킹 워러)
· 커피 마시는 중 = drinking coffee(드링킹 커피)
· 맥주 마시는 중 = drinking beer(드링킹 비어)

아시겠죠?^^

다시 처음으로 돌아가서,

· 나는 물 마시는 중이야 = I am drinking water.(아이 엠 드링킹 워러)라고 했죠? 그런데 ing(아이엔쥐)는 '~하는 중'이라고도 해석 되지만 상황에 따라 '~할 거야'라는 뜻도 된답니다.

· I am going.(아이 엠 고잉) =　　나는 가는 중이다
　　　　　　　　　　　　　　나는 갈 거야
· I am eating.(아이 엠 잇팅) =　　나는 먹는 중이다
　　　　　　　　　　　　　　나는 먹을 거야

그래서 우리가 배운 ing(아이엔쥐)
I am drinking water.(아이 엠 드링킹 워러)
나는 물 마시는 중이야 라고 해석될 수도 있고,
나는 물 마실 거야 라고도 해석될 수 있어요^^

우리 '~할 거야'는 will(윌)로만 알고 있었는데
ing(아이엔쥐)도 '~할 거야'가 될 수 있다니
영어, 참~ 너는 그동안 왜 이렇게 어려웠니… 하는 순간이죠?
알고 보면 별거 아닌데!

'나는 물 마실 거야'
〈will〉을 이용해서 말할 때,
· I will drink water.(아 윌 드링크 워러)
　will(윌) 조동사 뒤 동사원형

〈ing〉를 이용해서 말할 때,

· I am drinking water.(아이 엠 드링킹 워러)

  am(엠) 동사 + ing

1-80. 직접 써볼까요?

■ will을 이용하여 '나는 학교 갈 거야.'

■ ing를 이용하여 '나는 학교 갈 거야.'

〈will 을 이용해서〉

· 나는 ~할 거야.

▶ _____

· 나는 갈 거야.

▶ _____

· 학교에

▶ _____

· 나는 학교에 갈 거야.

▶ _____

〈ing를 이용해서〉

· 가는 중

▶ _____

· 학교에

▶ _____

· 학교에 가는 중

▶ _____

· 학교에 가는 중이다.

▶ _____

· 나는 학교에 가는 중이다.

▶ _____

이 말은 즉 상황에 따라 '학교에 갈 거야'라는 뜻으로도 말할 수 있어요.

["너는 언제 부산에 갈 거야?"를 말해보도록 할게요.]

어제 배운 ing(아이엔쥐)를 이용하여
'너는 가는 중이야' 한번 말해볼까요?

· 가다 = go(고)
· 가는 중 = going(고잉)
· 가는 중이다 = be going(비 고잉)
· 너는 가는 중이다 = You are going.(유 아 고잉)

이렇게 말했었죠?
그럼, '너는 부산에 가는 중이야'에서 '부산에'는 어떻게 쓰죠?

· 부산에 = to Busan(투 부산)
지역명 첫 글자는 대문자로 써주는 거 안 잊어 버리셨죠?^^

정리해 보면,
· 너는 부산에 가는 중이야
  You are going to Busan.
  (유 아 고잉 투 부산)
이제 이것을 의문문으로 바꿔주면 되겠죠?
be(비)동사의 의문문은 어떻게?
자리만 바꿔주고 뒤에 물음표만 붙여 주면 되죠!!

You are going to Busan.

Are you going to Busan?
(아 유 고잉 투 부산?)
너는 부산에 갈 거니?

너무 간단하죠?^^

그럼, '너는 언제 부산에 갈 거니?'라고 했으니

이제 '언제'라는 말만 알면 되겠네요!

이 단어는 우리 전에도 보았던 건데요~

· 언제 = When(웬)이었죠! 의문사 자리는 어디? 문장의 제일 처음!!

· 너는 언제 부산에 갈 거니?

  When are you going to Busan?

  (웬 아 유 고잉 투 부산?)

  이렇게 말하면 되겠네요^^

■ 너는 어떻게 미국에 갈 거니?

· 미국 = America(아메리카)

· 어떻게 = How(하우)

· 가는 중이다.

⊙ _____

· 미국에 가는 중이다.

⊙ _____

· 너는 미국에 가는 중이다.

⊙ _____

· 너는 미국에 가는 중이니?

⊙ _____

이 말은 즉 '너는 미국에 갈 거니?'로
도 해석이 되죠?^^

· 어떻게

⊙ _____

· 너는 어떻게 미국에 갈 거니?

⊙ _____

["나는 일요일에 교회에 갈 거야"를 말해보도록 할게요.]

ing(아이엔쮜)를 이용해 '나는 갈 거야'를 한번 써볼까요?

· 가다 = go(고)

· 가는 중 = going(고잉)

· 가는 중이다 = be going(비 고잉)

· 나는 가는 중이다 = I'm going(아이 엠 고잉)

이 말은 '나는 갈 거야'라고도 말할 수 있다고 했죠!^^

· 교회 = church(처얼취)

· 교회에 = to church(투 처얼취)

· 나는 교회에 갈 거야 = I'm going to church.(아임 고잉 투 처얼취)

그런데 우리 교회에 언제 갈 거라고 그랬죠?

일요일에! 갈 거라 했죠!

· 일요일 = Sunday(썬데이)

※ 요일도 세상에 하나만 있는 것(고유명사)이기 때문에 첫 글자는 대문자로 써준답니다^^

그럼, 정리해서 말해볼까요?

· 나는 일요일에 교회에 갈 거야

  I'm going to church Sunday

  (아임 고잉 투 처얼취 썬데이)

이렇게 쓸까요? 이렇게 쓰면 아주 살~짝 아쉬워요!

요일 앞에는 on(온)을 써주어야 돼요!

여기서 on(온)은 '~에'라는 뜻으로 쓰이고,

이것도 역시 규칙이기 때문에 요일 앞에는 on(온)을 써주는 거예요^^

그럼, 다시 정리하면

· 나는 일요일에 교회에 갈 거야

  I'm going to church on Sunday.

  (아임 고잉 투 처얼춰 온 썬데이)

이렇게 말하면 된답니다^^

예문

■ 그는 토요일에 축구경기를 할 거야.

· 경기 = play(플레이)

· 경기 중 = playing(플레잉)

· 축구 = soccer(싸커)

· 축구 경기 중 = playing soccer(플레잉 싸커)

· 축구 경기 중이다 = be playing soccer(비 플레잉 싸커)

· 그는 축구경기 할 거야

  He is playing soccer(히 이즈 플레잉 싸커)

· 그는 토요일에 축구경기 할 거야

  He is playing soccer on Saturday.

  (히 이즈 플레잉 싸커 온 세러데이)

■ 나는 금요일에 내 친구를 만날 거야.

• 금요일 = Friday(프라이데이)

· 만나는 중

➡ _____

· 만나는 중이다.

➡ _____

· 내 친구를 만나는 중이다.

➡ _____

· 나는 내 친구를 만날 거야.

➡ _____

· 금요일에

➡ _____

· 나는 금요일에 내 친구를 만날 거야.

➡ _____

["나는 점심을 먹는 중이었어"를 말해보도록 할게요.]

· 먹다 = have(해브)

우리 '먹다'는 eat(잇)도 되지만 have(해브)도 된다 했었죠!

· 먹는 중 = having(해빙)
· 먹는 중이다 = be having(비 해빙)
· 점심 = lunch(런치)
· 점심을 먹는 중이다 = be having lunch(비 해빙 런치)
· 나는 점심을 먹는 중이다

  I am having lunch.

  (아이 엠 해빙 런치)

오늘 우리가 할 말은 뭐죠?

'나는 먹는 중이었다' 하고 과거를 말하는 거죠?

· 나는 먹는 중이다 = I am having.(아이 엠 해빙)을

어떻게 하면 '이었다'로 바꿀 수 있을까요?

am(엠)의 과거는 뭐였죠? was(워즈)였죠!

그럼 am(엠)을 was(워즈)로 바꿔주기만 하면 되겠네요!

엄청 간단하죠?^^

· 나는 점심을 먹는 중이다

  I am having lunch.(아이 엠 해빙 런치)
· 나는 점심을 먹는 중이었다

  I was having lunch.(아이 워즈 해빙 런치)

이렇게 말하면 되겠네요~^^

현재형	과거형
am(엠)	was(워즈)
is(이즈)	
are(아)	were(워얼)

· 그는 점심을 먹는 중이었다

   He was having lunch.(히 워즈 해빙 런치)

· 너는 점심을 먹는 중이었다

   You were having lunch.(유 워얼 해빙 런치)

1-83. 직접 써볼까요?

■ 나는 커피를 마시는 중이다.

   I'm drinking coffee.

   (아임 드링킹 커피)

· 나는 커피를 마시는 중이었어.

  ◐ _____

· 그녀는 커피를 마시는 중이었어.

  ◐ _____

· 너는 커피를 마시는 중이었어.

  ◐ _____

["너는 빨래하는 중이었니?"를 말해보도록 할게요.]

우선, '빨래하다'는 영어로 뭘까요?

· 빨래하다 = do the laundry(두 더 런드뤼)입니다^^

이건 숙어라서 단어 외우듯 통째로 외워 주어야 돼요~

※ 숙어란? 두 개 이상의 단어가 모여서 또 다른 하나의 뜻을 이루는 것을 의미합니다.

'빨래하다'가 do the laundry(두 더 런드뤼)라고 했는데 이 단어들을 보면,

· do(두) = 하다
· laundry(런드뤼) = 세탁물

그럼 직역해보면 '세탁물 하다' '하다 세탁물?' 어색하죠?

이렇게 단어를 정확하게 알아도 해석이 어색할 때가 있죠?

바로 숙어들 때문이에요. 그래서,

숙어는 하나의 단어라고 생각하고 통째 외운다!!

그럼 '빨래하다'가 do the laundry(두 더 런드뤼)였으니

'빨래하는 중'은 어떻게 말할까요?

· 하다 = do(두)
· 하는 중 = doing(두잉)
· 빨래하는 중 = doing the laundry(두잉 더 런드뤼)

순서대로 해보니 문장이 자연스럽게 만들어지죠?^^

· 빨래하는 중이다 = be doing the laundry(비 두잉 더 런드뤼)

· 너는 빨래하는 중이다 = You are doing the laundry.(유 아 두잉 더 런드뤼)

그럼, 위 문장을 과거형인 '너는 빨래하는 중이었다'라고 말하려면
어떻게 해야 되죠? are(아)를 과거 were(워얼)로만 바꿔주면 되겠죠!

· 너는 빨래하는 중이었다

  You were doing the laundry.

  (유 워얼 두잉 더 런드뤼)

자, 이제 저 문장을 질문형(의문문)으로 만들어주면 되겠네요!
be동사의 의문문은 어떻게 만들어준다 했죠?
주어와 동사의 위치만 바꿔주고 뒤에 물음표만 붙여주면 되죠!

· 너는 빨래하는 중이었니?

  Were you doing the laundry?

  (워 유 두잉 더 런드뤼) 이렇게 말하면 되겠네요!^^

하나하나 복습하면서 하니까 쉽게 문장이 만들어지죠?
오늘 배웠던 문장이 어려웠던 분들은 꼭 되돌아가서
다시 한 번 복습을 해주세요~
진도만 따라가려 하지 말고 하루에 하나씩 천천히 하다보면
분명 만족스러운 결과를 얻을 수 있을 거예요!^^

- 그녀는 방청소 중이었니?

• 방청소 = clean the room(클린 더 룸)

· 청소

➡ clean(클린)

· 청소 중

➡

· 방청소 중

➡

· 방청소 중이다.

➡

· 그녀는 방청소 중이다.

➡

· 그녀는 방청소 중이었다.

➡

· 그녀는 방청소 중이었니?

➡

1. 나는 일하는 중이야. =

2. 너는 만나는 중이야. =

3. 나는 물 마실 거야. =

4. will을 이용하여 '나는 학교 갈 거야.'=

   ing를 이용하여 '나는 학교 갈 거야.' =

5. 너는 언제 부산에 갈 거야? =

6. 너는 어떻게 미국에 갈 거니? =

7. 나는 일요일에 교회에 갈 거야. =

8. 나는 금요일에 내 친구를 만날 거야.

   =

9. 나는 점심을 먹는 중이었어. =

10. 나는 커피를 마시는 중이었어. =

    그녀는 커피를 마시는 중이었어. =

    너는 커피를 마시는 중이었어. =

11. 너는 빨래하는 중이었니? =

12. 그녀는 방 청소 중이었니? =

1. 나는 일하는 중이야. = I am working.

2. 너는 만나는 중이야. = You are meeting.

3. 나는 물 마실 거야. = I am drinking water.

4. will을 이용하여 '나는 학교 갈 거야.'= I will go to school.

   ing를 이용하여 '나는 학교 갈 거야.' = I am going to school.

5. 너는 언제 부산에 갈 거야? = When are you going to Busan?

6. 너는 어떻게 미국에 갈 거니? = How are you going to America?

7. 나는 일요일에 교회에 갈 거야. = I'm going to church on Sunday.

8. 나는 금요일에 내 친구를 만날 거야.

   = I'm meeting my friend on Friday.

9. 나는 점심을 먹는 중이었어. = I was having lunch.

10. 나는 커피를 마시는 중이었어. = I was drinking coffee.

    그녀는 커피를 마시는 중이었어. = She was drinking coffee.

    너는 커피를 마시는 중이었어. = You were drinking coffee.

11. 너는 빨래하는 중이었니? = Were you doing the laundry?

12. 그녀는 방 청소 중이었니? = Was she cleaning the room?

나는 지금까지 잤어.
I have slept.

["나는 지금까지 잤어"를 말해보도록 할게요.]

'나는 지금까지 잤어'라면,
'어제부터~지금까지'이거나 '몇 시간 전부터~ 지금까지'이거나
'과거에서~ 현재까지 계속 잤다'라는 거죠~

우선, '자다'는 영어로 뭘까요?
· 자다 = sleep(슬립)
· 나는 자다 = I sleep.(아이 슬립)

그럼, '나는 잤다' 하고 과거는 어떻게 말할까요?
sleep(슬립)의 과거는 slept(슬랩)
· 나는 잤다 = I slept.(아이 슬랩)

그럼, 오늘 우리가 할 말은 '나는 지금까지 잤어' 하고
과거에서부터 지금 막! 끝난 상태를 말하는 거죠~
이럴 땐 have(해브)를 이용하여,

현재완료 = have + 동사완료형

라고 말해준답니다.

뜻	현재형	과거형	완료형
자다	sleep	slept	slept
쓰다	write	wrote	written
살다	live	lived	lived
보다	see	saw	seen
공부하다	study	studied	studied
하다	do	did	done

위 표에서 〈완료형〉이라고 적혀 있는 부분이 동사완료입니다.

그럼 '나는 지금까지 잤어' 어떻게 말하면 될까요?
have(해브) + 동사완료 = 지금까지 ~했어가 되니까

· 나는 지금까지 잤어 = I have slept.(아이 해브 슬랩) 이렇게 말해주면 되겠네요^^

■ 나는 지금까지 썼어.

I have written.

(아이 해브 라이튼)

■ 나는 지금까지 봤어.

I have seen.

(아이 해브 씬)

■ 나는 지금까지 살았어.

I have lived.

(아이 해브 리브드)

■ 나는 지금까지 했어.

I have done.

(아이 해브 던)

1-85. 직접 써볼까요?

■ 나는 지금까지 영어 공부 했어.

· 공부(완료형)

➡ _____

· 지금까지 공부했어.

➡ _____

· 영어

➡ _____

· 지금까지 영어 공부 했어.

➡ _____

· 나는 지금까지 영어 공부 했어.

➡ _____

["나는 많은 돈을 가지고 있지 않아요"를 말해볼게요.]

'많은'이라는 단어에는,
much(머취)/ many(매니)/ a lot of(어 랏 오브)가 있습니다.
오늘은 much(머취)와 many(매니) 두 가지만 공부할 거예요.
그럼, 이 둘이 어떻게 사용하는지 예문을 만들어 볼까요?

· 돈 = money(머니)
· 가지다 = have(해브)
· 안 가지고 있다 = don't have(돈 해브)
· 나는 돈을 안 가지고 있다 = I don't have money.(아이 돈 해브 머니)

그런데 '많은 돈을 안 가지고 있다'라고 했으니 '많은'이라는 단어를 넣어줘야겠죠?

나는 많은 돈을 안 가지고 있다.
I don't have (much / many) money.
much를 써야 할까요?
many를 써야 할까요?

· much(머취) = 셀 수 없는 명사 앞
· many(매니) = 셀 수 있는 명사 앞

그럼 money(머니)는 셀 수 있는 명사일까요? 셀 수 없는 명사일까요?
많은 사람들이 money(머니)는 셀 수 있는 명사라고 생각하는데 money(머니)는 셀 수 없는 명사입니다.

셀 수 있는 명사는

1. 일정한 모양을 갖추어야 하고
2. 항상 그 형태를 유지해야 하며
3. 여러 개가 존재해야 합니다.

그런데 money(돈)을 한번 생각해 볼까요?
돈이라 하면 어떤 사람은 100원을 생각할 수도 있고,
천 원, 만 원, 백만 원 등 생각하는 사람에 따라 돈의 모양이 다 다르죠?
셀 수 있는 명사는 일정한 모양을 갖추어야 한다 했는데
돈이라는 건 명확하게 모양과 가치를 표현할 수 없기 때문에
셀 수 없는 명사예요!

나는 많은 돈을 안 가지고 있다.
I don't have (much / many) money.

해서, 돈은 셀 수 없는 명사이니까 much(머취)를 써줘야겠죠?^^

흔히 '너무 많이 고마워' 혹은 '대단히 감사합니다'라고 말할 때
Thank you so much(땡큐 쏘 머취)라고 하죠?
감사 또한 셀 수 없기 때문에 이 때에도 many(매니)가 아니고 much(머취)를 쓰는 거랍니다!

- 나는 많은 책을 가지고 있어.

'많은 책'이니까 책이 한 권일까요? 여러 권일까요?
잘 생각해서 '많은 책'을 써주세요.

· 책

⟹ _____

· 많은 책(들)

⟹ _____

· 가지다.

⟹ _____

· 많은 책을 가지고 있다.

⟹ _____

· 나는 많은 책을 가지고 있다.

⟹ _____

["나는 많은 물을 마신다"를 말해보도록 할게요.]

'많은'이라는 단어에 much(머취)와 many(매니)를 제외하고 a lot of(어 랏 오브)도 있었죠?

· much(머취) = 셀 수 없는 명사 앞
· many(매니) = 셀 수 있는 명사 앞

그럼 a lot of(어 랏 오브)는 어디에 쓸까요?

· a lot of(어 랏 오브) = 셀 수 있는/없는 명사 상관없이 두 군데 모두 쓸 수 있어요!

너무 편하죠?

· 나는 마신다 = I drink(아이 드링크)
· 많은 물 = a lot of water(어 랏 오브 워러)
· 나는 많은 물을 마신다

　I drink a lot of water.(아이 드링크 어 랏 오브 워러)

셀 수 있는 명사, 셀 수 없는 명사 구분하지 않아도 되니 너무 편하죠?^^

하나 더 해볼까요?
'그녀는 많은 돈을 가지고 있다'

· 가지다 = have(해브)
· 그녀는 가지고 있다 = She has(쉬 해즈)
※ 여기서 have는 나도 아닌 너도 아닌 '그녀' 3인칭단수를 만나면 동사 뒤 s를 붙였었죠?
　그런데 have(해브)는 3인칭단수를 만나면 haves(해브즈)라고 쓰지 않고 has(해즈)라
　고 씁니다^^

· 많은 돈 = a lot of money(어 랏 오브 머니)

· 그녀는 많은 돈을 가지고 있다

  She has a lot of money.(쉬 해즈 어 랏 오브 머니)

＊ a lot of = 셀 수 있는 명사

셀 수 없는 명사 둘 다 쓰임

1-87. 직접 써볼까요?

■ 그는 많은 차를 가지고 있어요.

· 차

○▶ ＿＿＿＿＿＿＿＿＿＿＿＿＿

· 많은 차(들)

○▶ ＿＿＿＿＿＿＿＿＿＿＿＿＿

· 가지다.

○▶ ＿＿＿＿＿＿＿＿＿＿＿＿＿

· 그는 가지다.

○▶ ＿＿＿＿＿＿＿＿＿＿＿＿＿

· 그는 많은 차를 가지고 있다.

○▶ ＿＿＿＿＿＿＿＿＿＿＿＿＿

["나는 친구가 좀 있어요"를 말해보도록 할게요.]

'조금'이라는 단어에는

a few(어 퓨)	few(퓨)
a little(어 리를)	little(리를)

이렇게 있어요. 얘네 말고 some(썸)이라는 것도 있지만
우선 오늘은 4개만 배워보도록 할게요~
위의 표에 있는 애들은 다 조금/약간이라는 뜻이에요.
그런데 쓰임에 따라 조금씩 차이가 있어요!

· a few / few = 셀 수 있는 명사 앞
· a little / little = 셀 수 없는 명사 앞

긍정	부정	
a few(어 퓨)	few(퓨)	**셀 수 있는 명사 앞**
a little(어 리를)	little(리를)	**셀 수 없는 명사 앞**

a few(어 퓨)와 a little(어 리를)은 긍정적인 뜻의 '조금'이고요,
a(어)가 빠진 few(퓨)와 little(리를)은 부정적인 뜻의 '조금'이에요^^

그럼, "나는 친구가 좀 있어요"를 말해볼까요?
· 친구 = friend(프렌드)

친구가 좀 있다고 했으니 친구가 한 명일까요? 여러 명일까요?

여러 명이겠죠?

· 친구들 = friends(프렌즈)

· 나는 가지고 있어요 = I have(아이 해브)

· 나는 친구들을 가지고 있어요 = I have friends.(아이 해브 프렌즈)

이 말은 의역하면 '나는 친구가 있어요'가 되겠죠!

'나는 친구가 좀 있어요'라고 할 땐 긍정적인 '조금'이죠!

좀 있다는 거니까^^ 그리고 친구는 셀 수 있는 명사이죠!

긍정적인 '조금'에 셀 수 있는 명사 앞은 a few(어 퓨)를 써줘야겠네요!

· 나는 친구가 좀 있어요

  I have a few friends.

  (아이 해브 어 퓨 프렌즈)

그럼, '나는 친구가 조금밖에 없어요'는 어떻게 쓸까요?

'조금밖에'라고 했으니 부정의 '조금'이고

친구는 셀 수 있는 명사이니, few(퓨)를 써줘야겠네요!

· 나는 친구가 조금밖에 없어요

  I have few friends.

  (아이 해브 퓨 프렌즈)

■ 나는 돈이 좀 있어요.

■ 나는 돈이 조금밖에 없어요.

money는 셀 수 없는 명사죠.

그럼 a few / few / a little / little 어떤 것을 써야 할까요?

· 나는 가지고 있어요.

◉ _____

· 나는 돈이 좀 있어요.

◉ _____

· 나는 돈을 가지고 있어요.

◉ _____

· 나는 돈이 조금밖에 없어요.

◉ _____

["나는 꽃을 좀 샀어요"를 말해보도록 할게요.]

'사다'는 영어로 어떻게 썼죠?

· 사다 = buy(바이)

그럼, '샀었다'는 어떻게 쓸까요? buy(바이)의 과거형은,

· 샀었다 = boughy(보웃트)

· 나는 샀었다 = I bought(아이 보웃트)

· 꽃 = flower(플라워)

그런데 오늘 우리가 할 말은 '나는 꽃을 좀 샀어~'죠.

꽃을 좀 샀다는 게 한 송이일까요? 여러 송이 일까요?

물론 여러 송이겠죠! 그럼,

· 꽃(들) = flowers(플라워스)

이제, '좀' 이라는 단어를 써야 해요.

꽃은 한 송이, 두 송이 하고 셀 수 있으니까

셀 수 있는 명사! a few / few / a little / little 중 어느 것일까요?

a few / few 겠죠! 그런데 여기서 또 골라야 돼요!

a few = 긍정일 때

few = 부정일 때

꽃을 산건 긍정이니 둘 중에 어떤 거?

a few(어 퓨)를 써주면 되겠네요.

· 나는 꽃을 좀 샀어

   I bought a few flowers.

   (아이 보웃트 어 쀼 플라워스)

Q. 아~ 줄라이 천천히 읽어보면 이해도 가고 쓸 수 있겠는데 어떻게 좀 더 쉽게 말할 수
   있는 방법이 없을까요?

A. 있죠! 맞아요~ 이게 셀 수 있는 명사인지, 긍정인지 부정인지 막상 말하려니 입이 잘 안 떨어
   지죠? 누구나 다 그렇답니다. 그럼 좀 더 쉽게 '나는 꽃을 좀 샀어' 하고 말할 수 있는 방법!

'조금/약간'이라는 단어에는 some(썸)이란 게 있어요. 많이 들어 보셨죠?
some(썸)은 긍정일 때 쓰이며 셀 수 있는 명사, 셀 수 없는 명사 따지지 않고 쓸 수 있어요.

· 나는 꽃을 좀 샀어

   I bought some flowers.

   (아이 보웃트 썸 플라워스) 엄청 간단해졌죠!^^

■ 나는 오렌지를 좀 샀어.

· 오렌지(들)

◯▶

· 나는 샀다.

◯▶

· 좀

◯▶

· 나는 오렌지를 좀 샀어요.

◯▶

나는 내 자신을 위해 일해.
I work for myself.

["나는 내 자신을 위해 일해"를 말해보도록 할게요.]

우리가 제일 자신 있게 쓸 수 있는 거!
'나는 일해' 이제 이 정도는 금방 쓸 수 있죠?

· 일하다 = work(월크)
· 나는 일하다 = I work.(아이 월크)

그럼 이제 '내 자신을 위해'라는 말만 알면 되겠네요!
'~위해서'라는 뜻을 가진 단어는 for(포)입니다.

· ~위해서 = for(포)
· 너를 위해서 = for you(포 유)
· 나를 위해서 = for me(포 미)
· 그녀를 위해서 = for her(포 허얼)
· 그를 위해서 = for him(포 힘)

그럼, '내 자신'은 영어로 뭘까요?
· 내 자신 = myself(마이셀프)
그럼 '내 자신을 위해서'는 어떻게 말하면 되죠?
for(포) 뒤에 myself(마이셀프)만 붙여주면 되죠!

· 내 자신을 위해서 = for myself(포 마이셀프)
끝났네요! 연결해서 한번 써 볼까요?

· 나는 내 자신을 위해서 일해

I work for myself.

(아이 월크 포 마이셀프)

1-90. 직접 써볼까요?

■ 나는 너를 기다려.

• 기다리다. = wait(웨이트)

· 나는 기다리다.

➡ _____

· ~위해서

➡ _____

· 너를 위해서

➡ _____

· 나는 너를 위해서 기다려.

➡ _____

이 말은 의역하면 '나는 너를 기다려' 라는 말이 됩니다^^

1. 나는 지금까지 잤어. =

2. 나는 지금까지 영어 공부 했어. =

3. 나는 많은 돈을 가지고 있지 않아요. =

4. 나는 많은 책을 가지고 있어 =

5. 나는 많은 물을 마신다. =

6. 그는 많은 차를 가지고 있어요. =

7. 나는 친구가 좀 있어요. =

8. 나는 돈이 좀 있어요. =

　　나는 돈이 조금밖에 없어요. =

9. 나는 꽃을 좀 샀어요. =

10. 나는 오렌지를 좀 샀어. =

11. 나는 내 자신을 위해 일해. =

12. 나는 너를 기다려. =

1. 나는 지금까지 잤어. = I have slept.

2. 나는 지금까지 영어 공부 했어. = I have studied English.

3. 나는 많은 돈을 가지고 있지 않아요. = I don't have much money.

4. 나는 많은 책을 가지고 있어 = I have many books.

5. 나는 많은 물을 마신다. = I drink a lot of water.

6. 그는 많은 차를 가지고 있어요. = He has a lot of cars.

7. 나는 친구가 좀 있어요. = I have a few friends.

8. 나는 돈이 좀 있어요. I have a little money.

   나는 조금밖에 없어요. = I have little money.

9. 나는 꽃을 좀 샀어요. = I bought some flowers.

10. 나는 오렌지를 좀 샀어. = I bought some oranges.

11. 나는 내 자신을 위해 일해. = I work for myself.

12. 나는 너를 기다려. = I wait for you.

91강

강가의 꽃들은 아름다워요.
The flowers of the riverside are beautiful.

["강가의 꽃들은 아름다워요"를 말해보도록 할게요.]

우선 '강가의 꽃들'에서 '~의'라는 단어를 알면 쉽게 말할 수 있는데요~

'~의'라는 뜻을 가진 단어는 무엇일까요?

· ~의 = of(오브)

그럼 '강가의 꽃들'은 어떻게 쓰면 될까요?

'~의'가 of(오브)라고 했으니, '강가 of 꽃들'이라 하면 될까요?

땡! 영어에서는 '강가의 꽃들'을 말하고 싶을 땐

반대로 써줘야 한답니다.

· 강가의 꽃들 = 꽃들 of 강가

이렇게 말이에요.

내 차의 가격 = 가격 of 내 차
커피의 맛 = 맛 of 커피
식당의 분위기 = 분위기 of 식당

어떤 느낌인지 오시죠?

영어로 말할 땐 한국말과 반대로 해주면 되는 거예요!!^^

그럼 '강가의 꽃들' 어떻게 말하는지 알았으니 단어만 알면 되겠죠?

· (그) 꽃들 = The flowers(더 플라워스)

· (그) 강가 = the riverside(더 리버사이드)

· ~의 = of(오브)

· 강가의 꽃들 = The flowers of the riverside(더 플라워스 오브 더 리버사이드)

※ 영어를 쓰는 사람들은 정확한 걸 좋아한다 했죠! 내가 말하고 있는 그! 강가의 그! 꽃들이기 때문에 앞에 the(더)를 붙여준 거예요~

· 아름다운 = beautiful(뷰리풀)

· 아름답다 = be beautiful(비 뷰리풀)

· 강가의 꽃들은 아름다워요

  The flowers of the riverside be beautiful

  (더 플라워스 오브 더 리버사이드 비 뷰리풀)

여기서 '강가의 꽃들'은 나도 아니고 너도 아닌 3인칭복수이니까
be(비)는 are(아)로 변해야겠죠!

· 강가의 꽃들은 아름다워요

  The flowers of the riverside are beautiful.

  (더 플라워스 오브 더 리버사이드 아 뷰리풀)

■ 식당의 분위기는 좋아요.

• 분위기 = mood(무드)
• 좋은 = good(굿)

· (그) 식당

➡

· (그) 분위기

➡

· ~의

➡

· (그) 식당의 (그) 분위기

➡

· 좋은

➡

· 좋다.

➡

· 식당의 분위기는 좋다.

➡

나는 7시에 일어나요.
I get up at 7.

["나는 7시에 일어나요"를 말해보도록 할게요.]

우선 '7시에'라는 숫자가 있으니
간단하게 시계에 있는 숫자 한번 1~12까지 세어 볼까요?

1	One(원)	7	Seven(세븐)
2	Two(투)	8	Eight(에잇)
3	Three(쓰리)	9	Nine(나인)
4	Four(포)	10	Ten(텐)
5	Five(파이브)	11	Eleven(일레븐)
6	Six(씩스)	12	Twelve(투엘브)

자, 이제 숫자도 읽어 보았으니 '일어나다'는 영어로 어떻게 말 할까요?

· 일어나다 = get up(게럽)입니다^^

get(겟)이 '얻다' up(업)이 '올라가다'라 해서 '얻다 올라가다?' 이렇게 해석하면 안 되고 우리 지난번 숙어 배웠었죠? 두 개 이상의 단어가 모여 다른 하나의 뜻을 나타내는 것!

get up(게럽)은 '일어나다'라고 통째로 외워주면 됩니다^^

· 나는 7시에 일어나다 = I get up 7
이렇게 말하면 될까요? 이건 살~짝 아쉬워요
시간을 쓸 때에는 시간 앞에 '~에'에 해당하는 at(엣)을 써줘야 해요!

· 나는 7시에 일어나다 = I get up at 7.
오늘도 별로 어렵지 않죠?^^

지난번엔 요일 앞에는 on(온)을 붙였었는데
오늘은 시간 앞에 at(엣)을 붙였네요^^
뜻은 둘 다 '~에'인데 말이죠!

더 정확하게 말하고 싶다면 뒤에 '정각'을 붙여줘도 좋아요!

· 정각 = o'clock(오 클락)
· 정각 6시에 = at 6 o'clock(엣 씩스 오 클락)
· 정각 7시에 = at 7 o'clock(엣 세븐 오 클락)
· 정각 8시에 = at 8 o'clock(엣 에익 오 클락)
이렇게 말이죠!^^

1-92. 직접 써볼까요?

■ 나는 정각 8시에 회사에 가요.

· 나는 ~에 가다.
➡ _____

· 정각 8시에
➡ _____

· 나는 회사
➡ _____

· 정각 8시에 회사에 가요.
➡ _____

["내 시험은 7월 4일이에요"를 말해보도록 할게요.]

7월은 영어로 뭘까요?

· 7월 = July(줄라이)입니다.

제 닉네임이 줄라이이니까 7월은 금방 외울 수 있겠네요^^

· 시험 = exam(이그잼)

· 내 시험 = My exam(마이 이그잼)

'7월이야'는 어떻게 쓸까요?

그동안 했던 것처럼 be July(비 줄라이) 이렇게 쓸까요?

아니요! 7월이라는 '달' 앞에는 in(인)을 붙여주어야 돼요.

· 7월이야 = be in July(비 인 줄라이)

· 8월이야 = be in August(비 인 어거스트)

· 9월이야 = be in September(비 인 셉템벌)

이렇게요^^

그럼 '내 시험은 7월이야' 한번 정리해서 말해볼까요?

· 내 시험은 7월이야

  My exam is in July.

  (마이 이그잼 이즈 인 줄라이)

※ 여기서 '내 시험'은 나도 아니고 너도 아닌 3인칭단수이니까 be(비)가 is(이즈)로 변하죠!^^

우리가 오늘 할 말은 '내 시험은 7월 4일이야'였죠~ 7월 4일은 어떻게 적을까요? in July 4(인 줄라이 4)? 이렇게 적을까요?

아니요! 며칠까지 쓰게 되면 in(인)말고 on(온)을 써줘야 돼요.

· 7월 = in July(인 줄라이)
· 7월 4일 = on July 4th(온 줄라이 포쓰)

· 8월 = in August(인 어거스트)
· 8월 4일 = on August 4th(온 어거스트 포쓰)

· 9월 = in September(인 쎕템벌)
· 9월 4일 = on September 4th(온 쎕템벌 포쓰)

* 몇 월만 쓸 때는 in
* 몇 월 며칠을 쓸 때는 on
* 달을 쓸 때 첫 글자는 대문자로
* 일은 숫자 뒤에 th를 붙여줘야 돼요.
  (예외: 1st , 2nd, 3rd 하고 1일, 2일, 3일은 th가 안 붙어요.)

그럼 정리해서 써 볼까요?
· 내 시험은 7월 4일이에요.
· 내 시험 = My exam(마이 이그잼)
· 내 시험은 7월이야

  My exam is in July.

  (마이 이그잼 이즈 인 줄라이)
· 내 시험은 7월 4일이야

  My exam is on July 4th.

  (마이 이그잼 이즈 온 줄라이 포쓰)

- 그 콘서트는 8월 5일이야.

• 그 콘서트 = The concert(더 콘서트)

· 8월이야.
➡ _____

· 8월 5일이야.
➡ _____

· 그 콘서트는 8월이야.
➡ _____

· 그 콘서트는 8월 5일이야.
➡ _____

["내 생일은 1월 10일이야"를 말해보도록 할게요.]

생일이 다들 다르니까 1~12월까지 영어로 어떻게 말하는지
일단 한번 볼까요?

1월, 2월, 3월… 하고 한꺼번에 12월까지 외우려 하지 말고
오늘은 우선 내 생일만 외우고 나머지는 가족 생일, 친구 생일 등을 생각하면서 자연스럽게 외우세요~

* 월별 말하기

1월	January(재뉴어리)	7월	July(줄라이)
2월	February(패브러리)	8월	August(어거스트)
3월	March(마취)	9월	September(셉템벌)
4월	April(에이프릴)	10월	October(옥토벌)
5월	May(메이)	11월	November(노벰벌)
6월	June(준)	12월	December(디쎔벌)

* 일별 말하기(th를 생략하고 쓸 경우 한글발음에서 '쓰'만 빼고 읽으세요)

1st	first(퍼스트)	6th	sixth(씩쓰)
2nd	second(세컨드)	7th	seventh(세븐쓰)
3rd	third(써드)	8th	eighth(에익쓰)
4th	fourth(폴쓰)	9th	ninth(나인쓰)
5th	fifth(핍프스)	10th	tenth(텐쓰)

11th	eleventh(일레븐쓰)		16th	sixteenth(씩쓰틴스)
12th	twelfth(투엘브쓰)		17th	seventeenth(세븐틴쓰)
13th	thirteenth(썰틴쓰)		18th	eighteenth(에익틴쓰)
14th	fourteenth(폴틴쓰)		19th	nineteenth(나인틴쓰)
15th	fifteenth(피프틴쓰)		20th	twentieth(트웬틴쓰)

21th	twenty-first(트웬티-퍼스트)		26th	twenty-sixth(트웬티-씩쓰)
22th	twenty-second(트웬티-세컨드)		27th	twenty-seventh(트웬티-세븐쓰)
23th	twenty-third(트웬티-써드)		28th	twenty-eighth(트웬티-에익쓰)
24th	twenty-fourth(트웬티-폴쓰)		29th	twenty-ninth(트웬티-나인쓰)
25th	twenty-fifth(트엔티-핍프쓰)		30th	thirtieth(썰티쓰)
			31th	thirty-first(썰티-퍼스트)

* 1, 2, 3일은 일반 숫자 읽을 때처럼 원, 투, 쓰리로 읽지 않아요.

앞에서 월과 달을 다 써드렸으니 이제 '내 생일은 1월 10일이야'라고 말해볼까요?

· 내 생일 = My birthday(마이 벌쓰데이)
· 1월이야 = be in January(비 인 재뉴어리)
※ 월만 쓸 때에는 in(인)을 써준다.

· 내 생일은 1월이야

  My birthday is in January.

  (마이 벌쓰데이 이즈 인 재뉴어리)

'1월 10일이야'라고 일까지 써줄 때는 on(온)을 붙인다 했었죠!
그런데, 생일을 말할 때는 on(온)을 쓰지 않아요.

· 내 생일은 1월 10일이야

My birthday is January 10th.

(마이 벌쓰데이 이즈 제뉴어리 텐쓰)

날짜나 요일을 쓸 때 in(인), on(온)은 '~에'라는 말이죠^^

93강에서 배웠던 시험이나 콘서트는 날짜가 언제 바뀔지 모르는 일이죠.

그런데 내 생일은 1년 중 한번! 절대 바뀌지 않는 날!

'내 생일은 1월 10일에 있어요'가 아니고

'내 생일은 1월 10일이야'가 명확하겠죠!

날짜나 요일이 보인다 해서 무조건 in과 on을 쓰지 않아요~

가끔 예외라는 것도 있죠! 예외는 어떻게?

계속 기억해주고 외워줘야 한다는 거^^

1-94. 직접 써볼까요?

■ 내 생일은 5월 10일이야.

· 내 생일

▷ _____

· 5월이야.

▷ _____

· 내 생일은 5월이야.

▷ _____

· 내 생일은 5월 10일이야.

▷ _____

["나는 월요일부터 금요일까지 일해"를 말해보도록 할게요.]

자, 천천히 하나씩 해볼까요?

우선, '나는 일하다' 어떻게 쓰죠? 이 정도는 이제 거뜬히!

· 나는 일하다 = I work.(아이 월크)

· 월요일 = Monday(먼데이)

· 금요일 = Friday(플라이데이)

이런 식으로 문장을 말할 때 조금씩 요일을 외워주세요~

월화수목금토일을 하루만에 다 외우면, 금방 또 잊어버려요.

나만 그런 게 아니라 우리 모두가 그래요^^

자, 그럼 '나는 일해'도 말하고, 월요일과 금요일도 말하는데…

'월요일부터 금요일까지'는 어떻게 쓸까요?

'~부터 ~까지'라는 말을 배워 볼게요.

'~부터'는 from(쁘럼)이라고 쓰는데 from(쁘럼)은 혼자 쓰게 되면 '~로부터'라는 말로 쓰이기 때문에

· from you(쁘럼 유) = 너로부터

· from me(쁘럼 미) = 나로부터

· from her(쁘럼 헐) = 그녀로부터 이렇게 쓰여진답니다.

우리가 할 말은 '월요일부터 금요일까지'라는 말이죠?^^

월요일로부터가 아니라. 이럴 땐 from(쁘럼) 뒤에

'~까지'라고 쓰일 수 있는 to(투)를 이용하면 돼요^^

· ~부터 ~까지 = from~ to~ 이렇게요^^

'나는 월요일부터 금요일까지 일해'

· 나는 일해 = I work(아이 월크)

· 월요일부터 금요일까지

  from Monday to Friday

  (쁘럼 먼데이 투 플라이데이)

· 나는 월요일부터 금요일까지 일해

  I work from Monday to Friday.

  (아이 월크 쁘럼 먼데이 투 플라이데이)

별거 아니죠?^^

1-95. 직접 써볼까요?

■ 나는 아침부터 밤까지 공부한다.

· 나는 공부한다.

▶ _____

· 아침

▶ _____

· ~부터 ~까지

▶ _____

· 아침부터 밤까지

▶ _____

· 나는 아침부터 밤까지 공부해.

▶ _____

96강 숫자읽기 I

['숫자읽기'를 배워보도록 할게요^^]

지난번엔 10까지만 세어 보았는데 오늘은 큰 수까지도 읽어 보도록 할게요.
우선 1부터 100까지는 꼭 기억해두셔야 해요.
1~100까지 한번 해 볼까요?

1	one(원)		6	six(씩스)
2	two(투)		7	seven(세븐)
3	three(쓰리)		8	eight(에잇)
4	four(포)		9	nine(나인)
5	five(파이브)		10	ten(텐)
11	eleven(일레븐)		16	sisteen(씩스틴)
12	twelve(투엘브)		17	seventeen(세븐틴)
13	thirteen(썰틴)		18	eighteen(에잇틴)
14	fourteen(포틴)		19	nineteen(나인틴)
15	fifteen(삐프틴)		20	twenty(트웬티)
21	twenty-one(투에닛 원)		60	sixty(씩쓰티)
22	twenty-two(투에닛 투)		70	seventy(세븐티)
30	thirty(써릿)		80	eighty(에잇티)
40	forty(포릿)		90	ninety(나인티)
50	fifty(삐쁘티)		100	one hundred(원 헌드레드)

그럼 51은 영어로 어떻게 읽을까요?
· 50(오십) = fifty(삐쁘티)
· 1(일) = one(원)
· 51(오십일) = fifty one(삐쁘티 원)

그럼 307은 어떻게 읽을까요?

· 300(삼백) = three hundred(쓰리 헌드레드)

· 7(칠) = seven(세븐)

· 307(삼백칠) = three hundred seven(쓰리 헌드레드 세븐)

그럼 768은? 어떻게 읽을까요?

· 700(칠백) = seven hundred(세븐 헌드레드)

· 60(육십) = sixty(씩스티)

· 8(팔) = eight(에잇)

· 768(칠백육십팔) = seven hundred sixty eight(세븐 헌드레드 씩스티 에잇)

이제 세 자리 수 읽기는 거뜬하죠?^^

세 자리 수만 읽으면 어떠한 큰 수도 읽을 수 있어요!

왜냐! 세 자리로 끊어서 읽고 끊어주는 '콤마' 이름만 알면 되거든요^^

다음 강의에선 더 큰 수를 읽어 볼거니 오늘 세 자리 수 읽기 많이 연습해주세요~

1-96. 직접 써볼까요?

■ 아래 숫자를 읽어주세요.

· 188

➡ _____

· 365

➡ _____

· 400

➡ _____

· 571

➡ _____

· 609

➡ _____

· 723

➡ _____

· 846

➡ _____

· 917

➡ _____

1. 강가의 꽃들은 아름다워요.

    =

2. 식당의 분위기는 좋아요. =

3. 나는 7시에 일어나요. =

4. 나는 정각 8시에 회사에 가요. =

5. 내 시험은 7월 4일이에요. =

6. 그 콘서트는 8월 5일이야 =

7. 내 생일은 1월 10일이야. =

8. 내 생일은 5월 10일이야. =

9. 나는 월요일부터 금요일까지 일해.

    =

10. 나는 아침부터 밤까지 공부한다. =

11. 숫자읽기

    188 =

    365 =

    400 =

    571 =

    609 =

    723 =

    846 =

    917 =

1. 강가의 꽃들은 아름다워요.

   = The flowers of the riverside are beautiful.

2. 식당의 분위기는 좋아요. = The mood of the restaurant is good.

3. 나는 7시에 일어나요. = I get up at 7.

4. 나는 정각 8시에 회사에 가요. = I go to work at 8 o'clock.

5. 내 시험은 7월 4일이에요. = My exam is on July 4th.

6. 그 콘서트는 8월 5일이야 = The concert is on August 5th.

7. 내 생일은 1월 10일이야. = My birthday is January 10th.

8. 내 생일은 5월 10일이야. = My birthday is May 10th.

9. 나는 월요일부터 금요일까지 일해.

   = I work from Monday to Friday.

10. 나는 아침부터 밤까지 공부한다. = I study from morning to night.

11. 숫자읽기

   188 = one hundred eighty eight.

   365 = three hundred sixty five.

   400 = four hundred.

   571 = five hundred seventy one.

   609 = six hundred nine.

   723 = seven hundred twenty three.

   846 = eight hundred forty six.

   917 = nine hundred seventeen.

['숫자읽기'를 이어서 배워보도록 할게요^^]

지난번에는 10까지만 세어 보았는데, 오늘은 큰 수까지 읽어볼게요.

96강에서는 세 자리 숫자읽기를 해 보았죠~
연습은 많이 하셨나요?
96강에서 제가 세 자리 수만 읽을 줄 알면,
큰 수도 잘 읽을 수 있다고 했었죠~

그럼 시작하기 전 몇 개만 확인해 볼까요?

· 327 =

· 450 =

잘 읽어지나요?^^

· 300 = three hundred(쓰리헌드레드)

· 27 = twenty seven(투웨닛 세븐)

· 327 = three hundred twenty seven(쓰리 헌드레드 투웨닛 세븐)

· 400 = four hundred(포 헌드레드)

· 50 = fifty(삐프티)

· 450 = four hundred fifty(포 헌드레드 삐프티)

세 자리 수 별거 아니죠?^^

오늘은 지난 강의보다 엄청 간단해요! 한번 같이 볼게요!

1,000,000,000

세 자리씩 끊어 읽어주고 위에 보이는 파란색 '콤마'의 이름만 뒷자리에 붙여주면 끝! 같이 연습해볼까요?

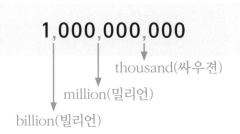

72,000
thousand

· 72,000는 어떻게 읽을까요?
· 72 = seventy-two(세븐티-투)
· , = thousand(싸우젼)
· 72,000 = seventy-two thousand(세븐티 투 싸우젼)

5,372,861
million   thousand

· 5,372,861은 어떻게 읽을까요?
콤마 단위로 세 자리씩 끊어 읽기 + 콤마이름
five million
three hundred seventy two thousand
eight hundred sixty one.
(파이브 밀리언 쓰리 헌드레드 세븐티 투 싸우젼 에익 헌드레드 씩쓰티 원)

3,000,000,000
billion   million   thousand

· 3,000,000,000은 어떻게 읽을까요?
· 30억 = three billion(쓰리 빌리언)
나머지는 000,000,000이니까 읽어줄 필요가 없어요^^

130,000
thousand

13만 원은 어떻게 말하면 될까요?
· 원 = won(원)
· 130 = one hundred thirty(원 헌드레드 써릿)
· , = thousand(싸우젼)
· 13만 원 = one hundred thirty thousnd won.
    (원 헌드레드 써릿 싸우젼 원)

1-97. 직접 써볼까요?

■ 17만 5천 원을 말해주세요.

· 175,000원

["할인해 줄 수 있어요?"를 말해보도록 할게요^^]

예전에 다 배웠던 것들이니 오늘 강의는 복습한다 생각하면 될 거예요~

자, '나는 할 수 있어' 어떻게 말했었죠?
· 나는 할 수 있다 = I can(아이 캔)

그럼, '나는 할 수 있었다'는요?
can(캔)의 과거가 could(쿳드)니까
· 나는 할 수 있었다 = I could(아이 쿳드)

그럼 '너는 할 수 있다'는 어떻게 말하죠?
'나는 할 수 있다'에서 I(아이) '나'라는 주어만
You(유) '너'로 바꿔주면 되죠!
· 너는 할 수 있다 = You can(유 캔)
· 너는 할 수 있었다 = You could(유 쿳드)

자, 이번엔 '너는 할 수 있니?'라고 질문해 볼까요?
질문할 땐 어떻게?
can(캔)을 제일 앞으로 빼서

· 너는 할 수 있니? = Can you?(캔 유?)
이렇게 말할 수 있었죠~

그럼, Could you?(쿠 쥬?)라고 물어보면 무슨 말일까요?
"너는 할 수 있었어?" 아닐까요~

잘 하셨어요! 맞습니다^^ 그런데 영어에서는 한 단어가 여러 뜻을 가지고 있었죠? Could you?(쿠 쥬?)는 "너는 할 수 있었어?"라고 말하지 않고 "~해 주시겠어요?"라고 해석해요! 아주~ 공손한 표현(존댓말)이에요.

Could you?(쿠 쥬?) = ~해 주시겠어요

우리가 43강에서 배웠던 표현이었네요^^ 기억이 좀 나시나요?

· 나에게 전화해 주시겠어요?

  Could you call me?

  (쿠 쥬 콜미?)

이 문장을 보니까 더욱더 기억이 나죠?^^

그럼 이제 '주다'는 영어로?

· 주다 = give(기브)

· 나에게 = me(미)

· 나에게 주다 = give me(기브 미)

· 나에게 주시겠어요?

  Could you give me?

  (쿠 쥬 기브 미?)

우리가 오늘 할 말은 '할인해 주시겠어요?'였죠~

상대방이 나에게 무엇을 주는 거죠?

'할인'이라는 것을 주는 거죠~

옛날 한국전쟁 영화를 보면 어린아이들이 미군에게

"give me a chocolate"

(기브 미 어 초코렛)

하는 걸 많이 들어보셨을 거예요~

이 표현이랑 마찬가지로 give me(기브 미) 뒤에 받고 싶은 것을 넣어 주면 됩니다^^

· 할인 = discount(디스카운트)
· ~해 주시겠어요? = Could you?(쿠 쥬?)
· 나에게 주다 = give me(기브 미)
· 나에게 주시겠어요? = Could you give me?(쿠 쥬 기브미?)
· 나에게 할인을 주시겠어요?

  Could you give me a discount?

  (쿠 쥬 기브미 어 디스카운트?)

의역하면 "할인해 주세요~", "할인해 주시겠어요?"

이렇게 사용할 수 있겠죠?^^

※ 여기서 중요한 거 또 하나!

   discount(디스카운트) '할인'은 셀 수 있는 명사, 셀 수 없는 명사 둘 다 쓰이는데 여기
   서는 셀 수 있는 명사로 쓰였기 때문에 discount 앞에 'a'를 붙여줘야 돼요!

왜 discount(디스카운트)는 셀 수 있는 명사일까요?

할인은 1%~100%까지 나누어져 있고,

이것은 1%, 2%, 3%~100% 이런 식으로 나누어서 셀 수 있기 때문에

이 문장에서 discount는 셀 수 있는 명사로 쓰인 거예요^^

■ 아래 문장을 해석해 주세요.

A : How much is it?

B : This is three hundred eighty six thousand won.

A : Really?

It's very expensive.

Could you give me a discount?

A :

B :

A :

["오늘 날씨 어때?"를 말해보도록 할게요^^]

오늘도 한 개만 배우면 너무 쉽게 할 수 있는 말이랍니다.

'어떻게'가 영어로 뭐였죠?

· 어떻게 = How(하우)였죠~

그럼, 어때? 어떠니? 하고 현재로 물을 땐

· 어떠니? = How is(하우 이즈?) 하고 물어보면 되겠죠?

그럼 어땠어? 어땠니? 하고 과거로 묻고 싶을 땐 어떻게 할까요?

is(이즈)의 과거가 was(워즈)죠~ 그래서,

· 어땠니? = How was?(하우 워즈?) 이렇게 되겠네요~

끝! 너무 쉽죠?

· **어때? = How is?(하우 이즈?)**
· **어땠어? = How was?(하우 워즈?)**

'날씨'는 영어로 뭘까요?

· 날씨 = the weather(더 웨덜)입니다.

Q. 줄라이! 날씨는 영어로 weather인데 왜 weather 앞에 the를 붙였어요?

A. weather(웨덜)이란 말은 기본적으로 '날씨'라는 뜻을 지닌 단어예요. 그러나 일기예보, 기상, 햇빛에 변하다 등 기상에 관련된 말을 할 때에도 쓰일 수 있어요. 하지만, 일반적으로 the weather(더 웨덜)이라고 the를 붙이면 일반적인 날씨를 뜻하게 됩니다^^ 우리가 71강에서 배웠던 The world(더 월드)와 같은 내용이에요.

그럼, '날씨 어때?'를 정리해서 써볼까요?
· 어때? = How is(하우 이즈?)
· 날씨 = the weather(더 웨덜)
· 날씨 어때? = How is the weather?(하우 이즈 더 웨덜?)

그런데 우리가 오늘 할 말은 '오늘 날씨 어때?'였죠~
이제, 오늘이라는 단어만 알면 되겠네요.

· 오늘 = today(투데이)

그럼, 다시 한 번 정리해볼까요?
· 오늘 날씨 어때? = How is the weather today?
　　　　　　　　　(하우 이즈 더 웨덜 투데이?)
이렇게 말해주면 되겠네요^^

· 어때? = How is?(하우 이즈?)
· 어땠어? = How was?(하우 워즈?)
· 그 영화 = the movie(더 무비)
· 그 영화 어때? = How is the movie?(하우 이즈 더 무비?)
· 그 영화 어땠어? = How was the movie?(하우 워즈 더 무비?)

■ 어제 날씨 어땠어?

· 어땠어?

○ _____

· 날씨

○ _____

· 어제

○ _____

· 어제 날씨 어땠어?

○ _____

["그 영화는 너무 감동적이었어"를 말해보도록 할게요^^]

우리가 99강에서 '어때?'와 '어땠어?'를 배웠었죠~

· 어때? = How is?(하우 이즈?)

· 어땠어? = How was?(하우 워즈?)

· 그 영화 어땠어? = How was the movie?(하우 워즈 더 무비?)

그럼, 대답은 어떻게 할까요?

'그 영화 감동적이었어'라고 해봅시다.
영어에서 '감동적이다'는 어떻게 쓸까요?
감동? 감동은 또 어떻게 쓰지?

영어에서 '감동적이다'는 '내 마음을 움직였다', '내 마음을 만졌다'라고 표현을 해요~

· 움직이다 = move(무브)

· 만지다 = touch(터치)

여기에 ing(아이엔지)를 붙여

· moving(무빙) = 감동적인

· touching(터칭) = 감동적인이라고 말합니다^^

여기에서 ing를 '~하는 중'이라고 배웠다고 해서
moving(무빙) 움직이는 중, touching(터칭) 만지는 중
이렇게 직역하면 안 돼요~

'그 영화가 내 마음을 움직이는 중이었다'

'그 영화가 내 마음을 만지는 중이었다'

이 말이 즉, '그 영화는 감동적이었다'라는 거예요^^

· 그 영화 = The movie(더 무비)

· 감동적인 = touching(터칭)

· 감동적이다 = be touching(비 터칭)

· 너무 = so(쏘)

· 그 영화는 너무 감동적이었어.

  The movie was so touching.

  (더 무비 워즈 쏘 터칭)

* The movie라는 주어가 나도 아니고 너도 아닌 3인칭단수이기 때문에 is의 과거 was를 써주는 거 다들 아시죠?^^

· 그 수업은 너무 감동적이었어.

  The class was so touching.

  (더 클래스 워즈 쏘 터칭)

1-100. 직접 써볼까요?

■ 이 책은 너무 감동적이었어.

· 이 책   · 이 책은 너무 감동적이었어.

▶ _____   ▶ _____

· 너무

▶ _____

1. 17만 5천 원 =

2. 할인해 줄 수 있어요? =

3. 아래 문장을 해석해 주세요.

   A: How much is it? =

   B: This is three hundred eighty six thousand won.

      =

   A: Really? =

     It's very expensive. =

     Could you give me a discount? =

4. 오늘 날씨 어때? =

5. 어제 날씨 어땠어? =

6. 그 영화는 너무 감동적이었어. =

7. 이 책은 너무 감동적이었어. =

1. 17만 5천 원 = one hundred seventy five thousand won.

2. 할인해 줄 수 있어요? = Could you give me a discount?

3. 아래 문장을 해석해 주세요.

   A: How much is it? = 이거 얼마예요?

   B: This is three hundred eighty six thousand won.

   = 38만 6천원입니다.

   A: Really? = 정말요?

   It's very expensive. = 너무 비싸요.

   Could you give me a discount? = 할인해 줄 수 있어요?

4. 오늘 날씨 어때? = How is the weather today?

5. 어제 날씨 어땠어? = How was the weather yesterday?

6. 그 영화는 너무 감동적이었어. = The movie was so touching.

7. 이 책은 너무 감동적이었어. = This book was so touching.

〈직접 써볼까요?〉 해답지

1-6. 나는 커피를 원해.
I want coffee.

1-7. 나는 너를 사랑해.
I love you.

1-8.
너는 좋아해 커피를
나는 간다 여행을
그녀는 사랑해 철수를
그는 좋아해 아이들을
사과는 입니다 빨간색
원숭이는 좋아해 바나나를

1-9. 나는 과학 공부를 한다.
I study science.

1-10. 너는 지하철을 탄다.
You take a subway.

1-12. 나는 내 차를 타고 학교에 갑니다.
I take my car and go to school.

1-13. 나는 학교에 안 가.
I don't go to school.

1-14.
나는 일하다. = I work.
너는 일하다. = You work.
그녀는 일하다. = She works.

1-15. 너는 그를 좋아하니?
Do you like him?

1-16. 나는 영어 공부 할 거야.
I will study English.

1-17. 나는 내 친구를 만나서 CGV에 갈 거야.
I will meet my friend and go to CGV.

1-19. 너는 그 가방 살 거야?
Will you buy the bag?

1-20.
응, 좋아해. = Yes, I do.
아니, 안 좋아해. = No, I don't.

1-21.
응, 마셔 = Yes he does.
아니, 안 마셔 = No, he doesn't.

1-22.
응, 할 거야. = Yes, I will.
아니, 안 할 거야. = No, I won't.

1-24. 나는 어제 가방을 샀다.
I bought a bag yesterday.

1-25. 나는 홍콩에 가서 쇼핑을 했다.
I went to Hongkong and did shopping.

1-26.
나는 안 샀다. = I didn't buy.
그녀는 거기 안 갔다. = She didn't go there.

1-27. 나는 저녁을 안 먹었어요.
I didn't have dinner.

1-28. 너는 무엇을 먹니?

What do you eat?

1-29.

너는 어디에 사니? = Where do you live?

나는 부산에 살아. = I live in Busan.

1-30. 나는 영어로 말할 수 있다.

I can speak English.

1-31. 나는 더 이상 걸을 수 없어.

I can't walk anymore.

1-32. 너는 나를 사랑할 수 있어?

Can you love me?

1-33. 내가 너를 사랑할 수 있을까?

Can I love you?

1-34. 너는 여기 와서 저녁 먹어도 돼.

You can come here and have dinner.

1-35. 나는 당신의 마음을 느낄 수 있었어.

I could feel your heart.

1-36. 나는 너를 믿을 수 없었어.

I couldn't believe you.

1-37. 너는 그 남자랑 결혼 안 할 거야?

Won't you marry the man?

1-39. 나는 좋은 책을 가지고 있어.

I have a good book.

1-40. 나는 잠이 좀 필요해.

I need some sleep.

1-41. 나는 읽을 책이 필요해.

I need a book to read.

1-42. 나는 내일 운전할 수도 있어.

I could drive tomorrow.

1-43. 나에게 나중에 전화해 주시겠어요?

Can you call me later?

1-44. 나는 (아마) 다음주에 거기 갈 거야.

I would go there next week.

1-45. 나는 그 여자 안 만날 거야.

I wouldn't meet the girl.

1-46. 만약 너가 CGV에 가서 영화보기를 원한다면, 너는 나한테 전화해도 돼.

If you want to go to CGV and see a movie, you can call me.

1-47. 너는 집으로 돌아 와야 돼.

You must come back home.

1-48. 너는 이 책을 읽으면 안 돼.

You must not read this book.

1-49.

나는 배고파. = I am hungry.

너는 배고파. = You are hungry.

그는 배고파. = He is hungry.

1-50. 영어는 어렵지 않아.

English is not hard.

1-51. 너는 준비 됐니?

Are you ready?

1-52.

그는 잘생겼니? = Is he handsome?

응! 잘생겼어. = Yes! he is.

아니, 잘생기지 않았어. = No, He isn't.

1-53. 나는 주부입니다.

I'm a housewife.

1-54. 그거 너무 멋져!

It's so amazing.

1-55. 나는 겁먹었었다.

I was scared.

1-56. 너는 운이 좋았어.

You were lucky.

1-57. 그녀는 너무 친절했어.

She was very kind.

1-58. 이건 너무 어렵다.

It is very difficult.

It is so difficult.

It is too difficult.

1-59.

우리는 목말라. = We are thirsty.

그들은 목말라. = They are thirsty.

1-60. 그들은 어젯밤 너무 행복했었어.

They were happy last night.

1-61. 나는 친절해질 거야.

I will be kind.

1-62. 너는 좋은 친구가 될 수 있다.

You can be a good friend.

1-63. 그는 정직한 사람이다.

He is an honest person.

1-64. 얘는 내 제일 친한 친구야.

This is my best friend.

1-65. 너는 내 마음에 있다.

You are in my heart.

1-66. 저 사람은 네 남자친구니?

Is that your boyfriend?

1-67. 나는 산을 내려갈 거야.

I will go down the mountain.

1-68. 그 식당은 여기 있어요.

The restaurant is here.

1-69. 너의 가방은 이 차 안에 있어요.

Your bag is in this car.

1-70. 나는 침대 위에 있어요.

I'm on the bed.

1-71. 지구는 너무 아름다워요.

The earth is so beautiful.

1-72. 코끼리들은 무거워요.

Elephants are heavy.

1-73. 사탕들은 달콤해요.

Candies are sweet.

1-74. 나는 너와 함께 있기를 원해.

I want to be with you.

1-75. 이것들은 생화입니다.

These are real flowers.

1-76. 저 소녀들은 고등학생입니다.

Those girls are high school students.

1-77. 나는 네가 돈 벌기를 원해.

I want you to make money.

1-78. 그녀는 내가 돈 벌기를 원해요.

She wants me to make money.

1-79. 너는 만나는 중이야.

You are meeting.

1-80.
will을 이용하여 '나는 학교 갈 거야.'
= I will go to school.
ing를 이용하여 '나는 학교 갈 거야.'
= I am going to school.

1-81. 너는 어떻게 미국에 갈거니?

How are you going to America?

1-82. 나는 금요일에 내 친구를 만날 거야.

I'm meeting my friend on Friday.

1-83.
나는 커피를 마시는 중이었어.
= I was drinking coffee.
그녀는 커피를 마시는 중이었어.
= She was drinking coffee.
너는 커피를 마시는 중이었어.
= You were drinking coffee.

1-84. 그녀는 방 청소 중이었니?

Was she cleaning the room?

1-85. 나는 지금까지 영어 공부 했어.

I have studied English.

1-86. 나는 많은 책을 가지고 있어.

I have many books.

1-87. 그는 많은 차를 가지고 있어요.

He has a lot of cars.

1-88.
나는 돈이 좀 있어요.
I have a little money.
나는 돈이 조금밖에 없어요.
I have little money.

1-89. 나는 오렌지를 좀 샀어.

I bought some oranges.

1-90. 나는 너를 기다려.

I wait for you.

1-91. 식당의 분위기는 좋아요.

The mood of the restaurant is good.

1-92. 나는 정각 8시에 회사에 가요.

I go to work at 8 o'clock.

1-93. 그 콘서트는 8월 5일이야.

The concert is on August 5th.

1-94. 내 생일은 5월 10일이야.

My birthday is May 10th.

1-95. 나는 아침부터 밤까지 공부한다.

I study from morning to night.

1-96. 숫자읽기

188 = one hundred eighty eight.

365 = three hundred sixty five.

400 = four hundred.

571 = five hundred seventy one.

609 = six hundred nine.

723 = seven hundred twenty three.

846 = eight hundred forty six.

917 = nine hundred seventeen.

1-97. 17만 5천원

one hundred seventy five thousand won.

1-98. 아래 문장을 해석해 주세요.

A: How much is it? = 이거 얼마예요?

B: This is three hundred eighty six thousand
   won. = 38만 6천원입니다.

A: Really? = 정말요?

   It's very expensive. = 너무 비싸요.

   Could you give me a discount?
   = 할인 해줄 수 있어요?

1-99. 어제 날씨 어땠어?

How was the weather yesterday?

1-100. 이 책은 너무 감동적이었어.

This book was so touching.